Apostolos Doxiadis und Christos H. Papadimitriou

Logicomix

Eine epische Suche nach Wahrheit

Apostolos Doxiadis und Christos H. Papadimitriou

Logicomix

Eine epische Suche nach Wahrheit

SüddeutscheZeitung Bibliothek

Lizenzausgabe der Süddeutschen Zeitung GmbH, München
für die Süddeutsche Zeitung Bibliothek 2012

© der deutschsprachigen Ausgabe:
2010 Atrium Verlag AG, Zürich
Die Originalausgabe erschien 2009 unter dem Titel LOGICOMIX bei Bloomsbury Publishing, London.
© 2009 by Logicomix Print Ltd.
Zeichnungen: Alecos Papadatos
Koloration: Annie di Donna
Aus dem Englischen von Ebi Naumann

Projektmanagement: Sabine Sternagel, Felix Scheuerecker
Art Director: Stefan Dimitrov
Herstellung: Herbert Schiffers, Hermann Weixler
Druck- und Bindearbeiten: CPI – Ebner & Spiegel, Ulm
ISBN: 978-3-86497-004-7
Printed in Germany

Für unsere Kinder
Eirene, Emma, Isabel, Io,
Kimon, Konstantinos,
Tatiana, Yorgos

Ὑμές δ' ἔσεσθε πολλῷ κάρρονες.

VORSPIEL

CHRISTOS IST INFORMATIKER, MIT ANDEREN WORTEN, EINE ART EXPERTE FÜR MATHEMATISCHE LOGIK!

CHRISTOS!

UND JEMAND, DER DIESES FELD BEHERRSCHT ...

... IST GENAU DAS, WAS WIR JETZT ...

... BRAUCHEN!

DAS HIER IST NÄMLICH KEIN GEWÖHNLICHER COMIC.

UM DIE WAHRHEIT ZU SAGEN – ALS WIR DAMIT ANFINGEN, DACHTEN UNSERE FREUNDE, WIR HÄTTEN SIE NICHT MEHR ALLE!

UND ALS SIE UNS DANN ENDLICH ERNST NAHMEN, GE-SCHAH DAS ...

... IN DER REGEL AUS DEN FALSCHEN GRÜNDEN, WEIL SIE DAS BUCH FÜR ETWAS ANDERES HIELTEN, ALS ES WAR!

FÜR EINE ART „LOGIK FÜR DUMMIES" ZUM BEISPIEL ...

... ODER EIN LEHRBUCH, EINE ABHANDLUNG IM TARNENDEN GEWAND EINER GRAPHIC NOVEL!

ABER WEIT **GEFEHLT!** IN DIESEM BUCH FINDET MAN DAS, WAS 99,9% ALLER **COMICS** AUSMACHT ...

GRRR

... WAHRHAFT GRUND-SOLIDEN ...

... ERZÄHLSTOFF. EINE GUTE **STORY** EBEN!

WUFF! WUFF!

WOZU DANN EIN **LOGIKEXPERTE,** MÖGEN SIE SICH FRAGEN, WENN ES SICH UM EINE „POTT-NORMALE STORY" HANDELT?

NUN JA, ES GIBT **SO' NE** UND **SO' NE** GE-SCHICHTEN, UND UNSERE HAT **EINE** BESONDERHEIT: IHRE **HELDEN** SIND ALLE-SAMT **LOGIKER!**

ALS WIR DIE SACHE IN **ANGRIFF** NAHMEN, GLAUBTEN WIR NOCH, UNS AUF MEINE **KÜMMERLICHEN** KENNTNISSE AUF DIESEM GEBIET STÜTZEN ZU KÖNNEN ...

... „**WIR**", DAS WAREN MEINE WENIGKEIT UND DIE **KÜNSTLER** ...

ALECOS

ANNIE

WIR DACHTEN, DAS, WAS ICH IM LAUFE MEINES **MATHEMATIKSTUDIUMS** GELERNT HATTE, WÜRDE REICHEN!

ABER DANN WURDE UNS **KLAR,** DASS WIR JEMANDEN MIT **DURCHBLICK** BRAUCHTEN, UND SEI ES BLOSS, UM UNS ...

... ZU SA-GEN, OB DAS GANZE *ÜBER-HAUPT* SINN HATTE!

ABER GENUG DER EINLEITENDEN **WORTE.** WIR WOLLEN **CHRISTOS** NICHT LÄNGER WARTEN LASSEN!

AH, DA IST ER JA!

SCHÖN, SIE ZU SEHEN, MANN!

BESSER, WIR ...

... SAGEN IHM ...

... NICHTS DAVON, DASS WIR DAS GANZE LIVE AUFNEHMEN, O.K.?

... SO KOMMT ER SCHÖN NATÜRLICH RÜBER!

WAS BITTE?

NATÜRLICH ... BIN ICH FROH, DASS SIE DA SIND!

ICH AUCH! KOMMT NICHT OFT VOR, DASS MAN MICH BITTET, AN EINEM **COMIC** MITZUWIRKEN ...

... ÜBER DIE „**SUCHE** NACH DEN GRUNDLAGEN DER MATHEMATIK"!

ICH HOFFE, DAS BUCH WIRD IHNEN GEFALLEN!

ICH AUCH. ABER WOLL'N WIR UNS NICHT *DUZEN*?

ALSO - DANN ERZÄHL MAL, WIE GENAU WOLLT IHR AN DIE „**SUCHE**" HERANGEHEN?

MHM, DAS GANZE IST ZIEMLICH SCHRÄG!

WÄHREND DER WIDERSTAND ANGESICHTS DER ÜBERMACHT ZU BRÖCKELN BEGINNT, VERSUCHT DIE NAZIPROPAGANDA, DIE POLEN GEGEN IHREN HAUPTVERBÜNDETEN AUFZUBRINGEN.

Posen

Thorn

Modlin

WARSCHAU

Lublin

Krakau

Das ist dein Werk, England!

DABEI ERWEIST SICH DAS „MÜNCHENER ABKOMMEN", DER VON ENGLAND UNTERZEICHNETE NICHT-ANGRIFFSPAKT MIT HITLER, ALS HILFREICH.

UND NUN KOMMT'S ...

... DREI TAGE NACH DER INVASION SOLL BERTRAND RUSSELL – ZU JENER ZEIT EIN GEFRAGTER REDNER – AN EINER AMERIKANISCHEN UNIVERSITÄT EINEN VORTRAG HALTEN ZUR „ROLLE DER LOGIK IM MENSCHLICHEN VERHALTEN".

EXTRABLATT!!!!
EXTRABLATT!!!

UNSERE GESCHICHTE BEGINNT GENAU AN JENEM TAG ...

... DEM 4. SEPTEMBER 1939.

!

DAS MÜSSEN SIE LESEN!

AUCH DAS EIN HISTORISCHES DATUM ...

UK KRIEG!

... SCHLIESSLICH ERKLÄRTE ENGLAND AN JENEM TAG DEUTSCHLAND DEN KRIEG.

EIN NEUER WELTKRIEG! EXTRABLATT!!!

IM FOLGENDEN WIRD NOCH VIEL VON RUSSELLS REAKTION AUF DIE NEUE SITUATION DIE REDE SEIN ...

... ABER ZUNÄCHST BETRACHTEN WIR DIE REAKTION EINIGER ANDERER!

HÄNDE WEG VOM KRIEG! ARBEITSPLÄTZE HIER STATT GRÄBER DORT SCHREIBT PRÄSIDENT ROOSEVELT

ETLICHE AMERIKANER, DIE SOGENANNTEN „ISOLATIONISTEN", GINGEN AUF DIE STRASSE UND WARNTEN VOR EINER MÖGLICHEN EINMISCHUNG DER USA IN EINEN EUROPÄISCHEN KRIEG.

SIE WAREN EIN BUNT GEMISCHTER HAUFEN: VON MITGLIEDERN DER KOMMUNISTISCHEN PARTEI BIS ZU NAZISYMPATHISANTEN, VON IDEALISTISCHEN PAZIFISTEN BIS ZU GANZ NORMALEN BÜRGERN, DIE SICH ÜBER DIE FOLGEN EINES SO GROSSEN KRIEGES SORGEN MACHTEN.

OKAY, DIE „ISOLATIONISTEN" SIND MIR EIN BEGRIFF! ABER WAS HABEN SIE MIT DER „SUCHE" ZU SCHAFFEN?

WART'S AB! ALS RUSSELL IN DER UNI ANKOMMT ...

... ERWARTET IHN DORT SCHON EIN GRÜPPCHEN AUSGESUCHTER AKADEMISCHER WÜRDENTRÄGER.

ABER NICHT NUR SIE ...

ES GIBT DA... ÄH... EIN KLEINES PROBLEM ...

OH? UND DAS WÄRE?

... ÄH... DIE NEUESTEN INTERNATIONALEN ENTWICKLUNGEN ...

?

... HABEN GEWISSE REAKTIONEN HERVORGERUFEN!

GENAUER GESAGT ...

... BLOCKIERT EINE GRUPPE VON „ISOLATIONISTEN" DEN EINGANG DES GEBÄUDES, IN DEM ER SEINEN VORTRAG HALTEN SOLL!

KEINE US-BETEILIGUNG

FRIEDEN

SIE STELLEN DEM REDNER EINE KLARE FORDERUNG ...

HALTEN SIE DIESEN VORTRAG NICHT, PROFESSOR RUSSELL! BLEIBEN SIE HIER BEI UNS! UNTERSTÜTZEN SIE UNSEREN PROTEST!

DASS DIE „ISOLATIONISTEN" DIESE FORDERUNG AUSGERECHNET AN BERTRAND RUSSELL STELLEN, GESCHIEHT NICHT OHNE GRUND!

ICH WEISS: RUSSELL WAR BEKANNT FÜR SEINE PAZIFISTISCHEN AKTIVITÄTEN!

... ER HAT SICH DAFÜR SOGAR EINSPERREN LASSEN! ABER DAS WAR IM ERSTEN WELTKRIEG!

SIE SIND EIN MANN DER VERNUNFT, PROFESSOR!

BIN ICH DAS?

UNTERSTÜTZEN SIE UNS!!!

ZUR SONNE? NEIN, DANKE!

ICH ...

... SCHLAGE VOR, SIE KOMMEN EINFACH MIT REIN, UND HÖREN SICH MEINEN VORTRAG AN.

NEIN! IHR PLATZ IST HIER DRAUSSEN, BEI UNS!

... DEN ANHÄNGERN DER VERNUNFT!!!

DOCH RUSSELL IST KEIN LEICHTER GEGNER.

GENAU UM DIE VERNUNFT GEHT ES JA IN MEINEM VORTRAG. UM DEREN HÖCHSTE FORM: LOGIK! DANACH KANN MAN BESTENS ÜBER DEN KRIEG REDEN!

WIR SIND NICHT HIER, UM VORTRÄGE ANZUHÖREN ... ODER ZU „REDEN"! JETZT IST ES ZEIT ZU HANDELN!

KEIN KRIEG

UND? NEHMEN DIE „ISOLATIONISTEN" SEINE EINLADUNG AN?

KLAR! EINE EINMALIGE CHANCE, IHRE FORDERUNGEN AN DER SEITE EINES STARPAZIFISTEN STELLEN ZU KÖNNEN!

AH...

WAS FÜR EIN ANBLICK!

WO WIR DA-VON SPRECHEN - WANN FLIEGST DU ZURÜCK NACH BERKELEY?

MORGEN!

DANN BLEIBT UNS **BLOSS** HEUTE, DICH MIT DEM ERSTEN TEIL DER **STORY** VERTRAUT ZU MACHEN!

DER VER-RÜCKTESTEN GE-SCHICHTE ÜBRIGENS, DIE MIR JE UNTER-GEKOMMEN IST.

ICH VERSTEH JA DEINE BEGEISTERUNG FÜR DIE „SUCHE". ABER WARUM ALS...

... COMIC?

DIE FORM EIGNET SICH PERFEKT, WENN ES UM HELDEN GEHT, DIE GROSSE ZIELE VERFOLGEN!

NA TOLL! VON DONALD DUCK ÜBER SU-PERMAN ZU BERTRAND RUSSELL!

DIE HELDEN DER „SUCHE" SIND FASZINIE-RENDE TYPEN. LEIDEN-SCHAFTLICH ...

ZZ

... HÖLLEN-QUALEN AUSGE-SETZT - SUPERHEL-DEN EBEN!

WARTE MAL ... WO SIND WIR? HIER BIN ICH NOCH NIE GEWESEN.

WUNDERT MICH NICHT ... LAUT HENRY MILLER KOMMEN ECHTE ATHENER NIE IN DIE NÄHE DER AKROPOLIS.

WENN UNSERE „SUCHE" NUR HALB SO TOLL WIRD WIE DIESES STUDIO, IST JA ALLES IN BUTTER!

HIER IST ES ...

ZEIG UNS DEN WEG, MANGA!*

---

* DER HUND VON APOSTOLOS HAT SEINEN NAMEN NICHT VON DEN JAPANISCHEN COMICS. „MANGA" IST GRIECHISCHER SLANG UND BEDEUTET SO WAS WIE „COOLER TYP".

zZz

... BERTRAND RUSSELL KOMMT ALSO ZU DIESER UNI, UM SEINEN VORTRAG ZU HALTEN, DA ...

DAS MIT DEN DE-MONSTRANTEN HAB ICH CHRISTOS SCHON ERZÄHLT!

O.K.! NACH EINIGEM HIN UND HER STRÖMEN DIE „ISOLATI-ONISTEN" SCHLIESSLICH IN DEN SAAL, UM DEM VORTRAG BEIZUWOHNEN.

DANN TU ICH DAS WOHL AUCH MAL ...

GUT. ABER BITTE SEI SO GUT UND DENK DIR DIE FARBE DAZU!

PROFESSOR BERTRAND RUSSELL
„DIE ROLLE DER LOGIK IM MENSCHLICHEN VERHALTEN"

1. PEMBROKE LODGE

... ist es mir, meine Damen und Herren, eine große Ehre, Ihnen unseren Redner vorzustellen, einen großen Mathematiker ...

... Philosophen und, vor allem, einen großen Logiker! Meine Damen und Herren - Lord Bertrand Russell!!!

KLATSCH KLATSCH KLATSCH KLATSCH KLATSCH KLATSCH KLATSCH Kl

Danke ...

Nun, der Dekan hat mich gebeten, über die „Rolle der Logik im menschlichen Verhalten" zu sprechen. Wenn ich das wörtlich nähme ...

... würde das hier die kürzeste Vorlesung aller Zeiten!

HAHAHAHAHA

Viele sogenannte „große Ereignisse" zeigen Größe nur im Ausmaß ihrer Unvernunft. Und keines ist unvernünftiger als der Krieg!

Die Demonstranten, die mich hier „willkommen" geheißen haben, rufen die Erinnerung an andere Protestaktionen in mir wach ...

... gegen einen anderen Krieg.

Ich bin völlig Ihrer Meinung: Den Menschen sollte ein Mitspracherecht bei folgenschweren Entscheidungen eingeräumt werden!

Und sicherlich gibt es für die Menschheit im Moment nichts Folgenschwereres ...

... als die furchterregende Möglichkeit eines neuerlichen Weltkriegs!

Da drängt sich die Frage geradezu auf: Sollten Sie England im Krieg gegen den Nazismus zur Seite stehen, sollten Sie „Ihres Bruders Hüter" sein?

Nein! Sollten wir nicht!

Schhh!

Ein wenig Geduld, bitte ...

Als Erstes frage ich Sie: Nach welcher Methode wollen Sie bei dieser Entscheidung vorgehen?

Denken Sie nach.

Zunächst hoffe ich, dass Sie - wie ich - rationale Mittel anwenden wollen.

Aber was heißt das? Wie sehen solche Mittel der Vernunft aus?

Um das sinnvoll beantworten zu können, müssen wir uns, wie schon die alten Griechen ...

... fragen: Was ist Logik?

Und genau diese Frage will ich Ihnen heute stellen.

Aristoteles meinte: „Um etwas verstehen zu können, müssen wir zurück zu den Ursprüngen."

Na toll! Eine Vorlesung über antike Geschichte!

Ich will Ihnen die Geschichte der Logik allerdings an- hand ...

... der Biografie eines ihrer glü- hendsten Verehrer erzählen.

Meiner eigenen!

KLICK

Ich war noch ein kleiner Junge und weiß Gott kein Logiker, als ich in „Pembroke Lodge" eintraf.

Hier ist es.

Das Anwesen gehörte meinem Großvater väterlicherseits, Lord John Russell.

Und meiner Großmutter, die alle nur „Lady John" nannten!

Der Tag meiner Ankunft ist die erste klare Erinnerung, die ich habe.

Es regnete.

ACHTUNG! IHRE SCHUHE, MASTER BERTIE!

Und die Schirme waren schwarz.

Mein Großvater war ein wichtiger Mann. Er war sogar mal englischer Premierminister gewesen.

HALLO, ALTER JUNGE! SIEHST DU DIE MÜNZE HIER? ICH WERDE SIE VERSCHWINDEN LASSEN!

JETZT NICHT, JOHN!

Aber auf Pembroke Lodge war er nicht Regierungschef!

HIER GEHT'S LANG, JUNGER MANN!

„Lady John" führte mich durch ein Gewirr von Fluren, Treppen hoch, Treppen runter, durch unzählige Türen ...

Dabei erklärte sie mir die Regeln, nach denen mein Leben ab jetzt verlaufen würde ...

WOHNZIMMER

WASCH-KÜCHE

ESSZIMMER

ZIMMER

HERREN ZIMMER

GARDEROBE

DU WIRST NIE UNGEPFLEGT HERUMLAUFEN ...

... KEIN GESCHREI, WAS AUCH PASSIERT ...

RAUM

... HAST IMMER ORDENTLICH GEKLEIDET ZU SEIN ...

... VERNÜNFTIG GEKÄMMT...

... KEINE WIDERWORTE ...

... NIE WILL ICH DICH BARFUSS SEHEN!

SPEISE-KAMMER

SPIEL-TER-RASSE

Regeln, Regeln, Regeln ...

Nun geht es in der Logik ja vornehmlich um Regeln. Sie beginnt mit Definitionen und macht dann mit Regeln weiter.

Und in diesem Sinne - nur in diesem - bin ich wohl ein Schüler meiner Großmutter.

... In gewisser Weise ihr eifrigster Schüler.

Ja, meine Großmutter liebte Regeln und ...

... Definitionen!

EIN „SCHLAFZIMMER" IST EIN RAUM, IN DEM MAN DES NACHTS SCHLAFEN GEHT!

Selbst einfachsten Begriffen wies sie ihren Platz in ihrem ureigensten System zu.

Noch jetzt, wo ich Ihnen davon erzähle, spüre ich das Gefühl tiefer Verzweiflung, welches mich überkam, als es an diesem ersten Tag dunkel wurde ...

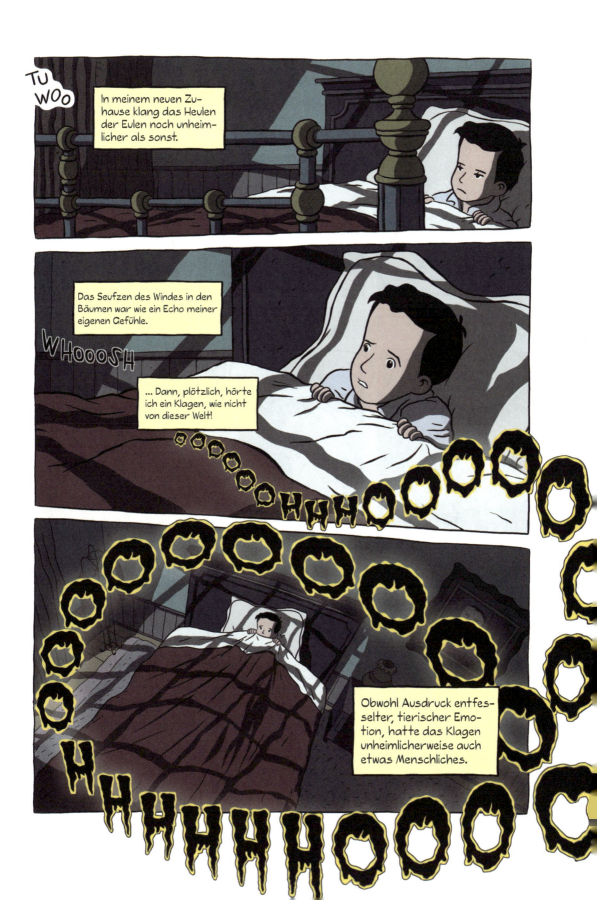

OOHHHOoooo

Der Ursprung dieses geisterhaften Klagens war eines der ersten großen Rätsel meines Lebens ...

Äh ... entschuldigen Sie, Lord Russell.

Was ist eigentlich mit Ihren Eltern?

Ah, ja! Das war natürlich das größte Mysterium überhaupt!

Ich hatte damals nicht die geringste Ahnung, wo sie waren!

Mein Vater hatte mir gesagt, dass meine Mutter sich „auf einer sehr langen Reise" befände.

Als er dann auch noch verschwand, nahm ich an, er hätte sich aufgemacht, sie zu begleiten!

... was ich darüber erfuhr, war so widersprüchlich, dass ich die Wahrheit unmöglich herausfinden konnte.

Doch lassen Sie mich auf die geisterhafte Erfahrung meiner ersten Nacht zurückkommen ...

... oder richtiger, auf den folgenden Tag.

Es war wie verhext ...

ÄH ... ENT-SCHULDIGUNG, MISS ...

JA, MASTER BERTIE?

GIBT'S AUF PEMBROKE LODGE EINEN GEIST?

NATÜRLICH NICHT!

HABEN SIE DAS SCHRECK-LICHE HEULEN GEHÖRT?

NICHT DAS GERINGSTE!

... MUSS WOHL DER WIND G'WE'N SEIN!

Ich bekam einen ersten Geschmack davon, wie problematisch der Weg der Erkennt-nis sein konnte: Warum leugneten bloß alle, was ich so deutlich gehört hatte?

Hatte ich mich geirrt? Oder die anderen? Oder sag-ten alle bewusst die Unwahrheit? Und dann gab ...

... es noch eine vierte, wesentlich unheim-lichere Möglichkeit, eine Alternative, die mir Angst machte.

War das Heulen eine Halluzination? Hatte ich vielleicht etwas gehört, was sich gar nicht abgespielt hatte? War ich also ...

... ver-rückt?

Während meiner ersten Monate auf Pembroke Lodge fertigte ich einen Plan des Hauses an. Ich habe ihn neulich in einem verschimmelten Koffer wiederentdeckt ...

Schauen Sie sich das an! Voller Verbote und dunkler Geheimnisse ...

Obwohl mir auch dort vieles nicht erlaubt war, erlebte ich meine ersten, raren Momente von Freiheit im Garten des alten Herrenhauses.

Dort gab es immer irgendetwas Interessantes zu tun.

Besonders gut erinnere ich mich an einen wunderschönen Frühlingsmorgen, der dadurch noch schöner wurde, dass meine Großmutter sich an diesem Tag ausnahmsweise in London aufhielt.

Ihre Abwesenheit gab mir die seltene Gelegenheit, auf Entdeckungsreise zu gehen.

Großvaters Studierstube befand sich ganz oben ...

... auf Großmutters Liste der „Verbotenen Orte".

TUM TE TUM TUM

SO, DESPITE AAALL TEMPTA-AAATIONS

!

TO BELONG TO OTHER NAAA-TIONS TA TE-TE-TE-TE TE-TUM-TUM ...

Das strenge Regiment meiner Groß-mutter hatte mir bislang jede Möglich-keit genommen, mich mal ganz allein mit Großvater zu unter-halten.

Oh, was tat sich da für eine Fundgrube auf!

HAST DU DIESE BÜCHER **ALLE** GELESEN, GROSSVATER?

RED KEINEN QUATSCH, ALTER KNABE!

DIE MEISTEN SIND SCHON VON **MEINEM GROSSVATER**!

ABER ES IST EINFACH SCHÖN, VON **GROSSEN** IDEEN UMGEBEN ZU SEIN! HE, HE!

DANTE
Inferno

TUT MIR LEID, KUMPEL, **DAS BUCH** IST **VERBOTEN!**

Sollte ich bis dahin noch irgendwelche Zweifel daran gehegt haben, Erkenntnis könnte mit Gefahren verbunden sein – jetzt waren sie zerstreut.

DAS BUCH IST „VERBOTEN"?

DEINE GROSSMUTTER IST EINE VERFECHTERIN DES GRUNDSATZES, MAN DÜRFTE NICHT VOM BAUM DER ERKENNTNIS KOSTEN!

UND ICH MUSS DABEI IRGENDWIE DEN **CERBERUS** SPIELEN ...

Aber eigentlich spielte er wohl eher die Rolle der *Schlange!*

Statt sich lange mit Einzelheiten aufzuhalten, verschaffte mir Großvater einen höchst verführerischen Ausblick auf alle Schattierungen des Übels!

NATURBESCHREIBUNGEN SIND KOSCHER, ES SEI DENN, SIE ENTHALTEN NÄHERES ÜBER DIE **FORTPFLANZUNG.**

ROMANE, HIER AN DER LINKEN WAND, GELTEN ALS **GEWAGT,** ALSO BESSER, DU LÄSST DIE FINGER DAVON ...

SOZIAL-THEORETIKER UND **PHILOSOPHEN,** HIER IN DEN REGALEN RECHTS OBEN – DAS GEHT **GAR** NICHT!

UND DANN GIBT'S NOCH DIE KATEGORIE DER „**ABSOLUT** VERBOTENEN BÜCHER"! DA OBEN ...

... HINTER GLAS UND GUT VERSCHLOSSEN!

Und richtig: Die Verbote taten ihre übliche Wirkung.

HIER MUSS ICH UNBEDINGT NOCH GANZ OFT HIN!

Und doch ...

... es sollten Jahre vergehen, bevor ich die Bibliothek das nächste Mal betrat.

46

Sehen Sie, als ich in dieser Nacht in meinem Bett lag, wach gehalten von der Aussicht, eine neue Welt zu entdecken ...

... ertönte wieder dieses furchtbare Geheul, das mich in meiner ersten Nacht auf Pembroke Lodge hatte erstarren lassen.

OOOOHHHHOOOOOHHH

Diesmal jedoch, nach einigen Sekunden lähmenden Entsetzens ...

... wurde der Wunsch, der Ursache auf die Spur zu kommen, unwiderstehlich!

Kaum hatte ich mich auf die Socken gemacht, da ...

?

BITTE, DOKTOR, BEEILEN SIE SICH!

Ich wartete ...

Und wartete ...

Bis endlich ...

HERR DOKTOR! IST IRGENDWAS MIT MEINEM GROSSVATER?

TUT MIR SCHRECKLICH LEID, KLEINER ...

ICH FÜRCHTE, ER IST ...

... VERSCHIEDEN.

„VERSCHIEDEN"?

Am nächsten Tag erwies ich meinem Großvater die letzte Ehre.

Wie ich so dasaß, schien mir meine Großmutter eher von heiligem Zorn erfüllt zu sein als von Trauer ...

... einem Zorn, dessen Ursache ich zu kennen glaubte.

Und als an diesem Abend ein Gewitter aufzog ...

Meine religiöse Erziehung war allerdings absolute Chefsache.

„UND DES HERRN WORT KAM ÜBER MICH, UND ER FÜHRTE MICH HINAUS UND STELLTE MICH AUF EIN WEISSES FELD ..."

AUF EIN WEITES FELD, JUNGE!

„... AUF EIN WEITES FELD, DAS VOLLER TOTENGEBEINE LAG. UND SIEHE, SIE WAREN SEHR VERDORRT ..."

GROSSMUTTER?

KANNST DU MIR NICHT SAGEN, WO MEINE ELTERN SIND?

NUN, SAGEN WIR'S SO: BERUHIGEND WEIT ENTFERNT VOM LEID.

Trotzdem - mit den Jahren sollte sich meine Situation mächtig verbessern.

BERTRAND?

?

Ein Frühlings-morgen ...

... brachte zwei schöne Überra-schungen!

ICH BIN DEINE NEUE ...

... DEUTSCH-LEHRERIN!

Und als i-Tüpfel-chen ...

Wie herrlich leuchtet
Mir die Natur!
Wie glänzt die Sonne!
Wie lacht die Flur!

... einen jungen Mann ..

... dessen Überzeugungen Groß-mutters strenger Kontrolle ir-gendwie entgangen sein mussten!

Er war's, der mich mit einem sehr alten Herrn bekannt machte.

ICH DEMONS-
TRIERE IM FOLGENDEN
EUKLIDS LEHRSATZ: WENN
ZWEI WINKEL EINES DREIECKS
... **IRGENDEINES** DREI-
ECKS ...

... GLEICH SIND,
SIND NOTWENDIGER-
WEISE AUCH DIE ZWEI
ANLIEGENDEN **GERADEN**
GLEICH ...

WAS MEINEN
SIE MIT „NOTWEN-
DIGERWEISE"?

... LO-
GISCH DARAUS
FOLGEND!

NUN, ANGE-
NOMMEN, DER SATZ
WÄRE **NICHT** WAHR ...
DANN WÄRE DIE SEITE **AB**
LÄNGER ALS **AC**, UND
DAS HIESSE ...

... AUF DER SEITE **AB**
GÄBE ES EINEN PUNKT **D**. UND
DANN WÄRE **AD = AC**.

Nach jenem ersten Zusammentreffen mit Euklid war in meinem Leben nichts mehr wie zuvor. In seinen Werken fand ich endlich, wonach ich im Glauben Großmutters vergeblich gesucht hatte!

Die Geometrie zeigte mir den einzigen Weg, der Wirklichkeit zu begegnen: mit Vernunft. Hier machte ich zum ersten Mal die wundervolle Erfahrung, etwas *absolut sicher* zu wissen!

Der Beweis wurde *mein* Königsweg zur Wahrheit!

Diese Begegnung bestimmte nach und nach meine gesamte Sicht der Dinge ...

... zumal mein neuer Lehrer bei Euklid nicht haltmachte.

ZUVERLÄSSIGE ERKENNTNISSE VERMITTELT NUR DIE WISSENSCHAFT.

UND DIE **PHYSIK** VERDANKT IHRE KRAFT DER **MATHEMATIK!**

WIRKLICH?

OPTISCHE ERSCHEINUNGEN, ELEKTRIZITÄT, DIE BEWEGUNG DER PLANETEN, **ALL DAS KANN** DIE WISSENSCHAFT ERKLÄREN.

AUCH DAS **DON-NERN?**

DEN **DONNER** KANN SIE SOGAR **BESONDERS GUT** ERKLÄREN, MEIN JUNGE!

WISSEN-SCHAFT IST UNSERE **EINZIGE** HOFFNUNG!

Solche Sätze sorgten für unbeschwerte Sommertage.

Aber als die Winternächte wieder kamen ...

58

... und mit ihnen so lästige Dinge ...

WHOOOSH

CRAACK

... wie mein Erzfeind, der herumarodierende Donner ...

KAAAAA BBOOOMMM

... griff ich in puncto Trost ...

... auf traditionellere Mittel zurück!

FRÄULEIN MÜLLER!

Ssoll ich dich einem Ssommertag vergleichen, der du viel lieblicher und ssanfter bisst? Durch Maienblüten raue Winde streichen, und Ssommerss Pracht…

ALLESS WIEDER GUT, BERTELE?

Und dann geschah es: eines Nachts, während ich schlief, bekam ich einen ungewöhnlichen Brief.

Wer ihn mir gebracht hat, kann ich nur vermuten ...

... was jedoch seine Wirkung anbelangt, gibt es kein Vertun.

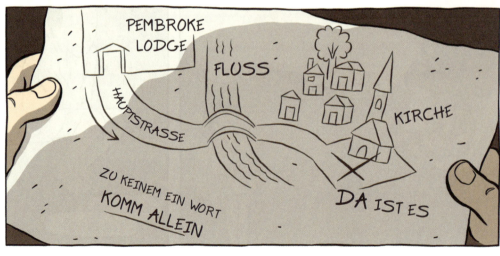

Noch am selben Tag entzog ich mich Großmutters Aufmerksamkeit und folgte der Wegbeschreibung der geheimnisvollen Botschaft.

Meine Angst, erwischt zu werden, war fast so groß wie meine Neugier.

Ich war
am Ziel ...

Hier also lagen meine Wurzeln begraben ...

JOHN RUSSELL
1842 - 1876

HERINE RUSSELL
1842 - 187

RACHEL RUSSELL
1868 - 1874

Aber ich war nicht allein.

NATIONEN, NICHT SO GROSS WIE DU, SIE WERDEN OPFER VON TYRANNEN ...

Ein paar Jahre später lief mir der arme alte Parker dann noch mal über den Weg.

Dieser bedauernswerte Invalide war meine erste Begegnung mit den Schrecknissen des Krieges.

Seine Beine hatte er auf der Krim verloren!

Jetzt wusste ich also, wo meine Eltern lagen. Noch wusste ich nicht, wie sie da hingekommen waren ...

... aber ich ahnte, wo ich es herausfinden würde.

GUT, DASS ICH MITGE-KRIEGT HABE, WO GROSSMUTTER DIE **SCHLÜSSEL** VER-STECKT HAT!

DIE „ABSOLUT VERBOTENEN BÜCHER"!

Das war es.

Endlich konnte ich meine Familie mit Gesichtern versehen.

Rachel Russell, meine Schwester.

Mit ihrem Tod an Diphtherie im Alter von gerade mal sechs nahm das Drama seinen Anfang ...

Katherine Russell, geb. Stanley ...

... meine Mutter, starb an derselben Krankheit ...

... und der Tod der beiden brachte meinen Vater um, der allen Lebenswillen verloren hatte.

JOHN RUSSELL GESTORBEN. John Russell, der Viscount Amberley von Amberley, Sohn des Grafen Russell, 34, starb nach kurzer Krankheit bei sich daheim. Sein Ableben folgt dem viel zu frühen Dahinscheiden seiner Tochter Rachel sowie seiner geliebten Frau Katherine, Tochter des Barons Stanley.

Das Familienalbum enthüllte die Ursache ihres Todes, nicht aber das schreckliche Verbrechen, das sie verübt haben mussten, um Großmutters Zorn auf sich zu ziehen.

Diese, nie um eine Erklärung verlegen ...

... tauchte völlig unerwartet am Ort meines „Verbrechens" auf.

WAS **GLAUBST** DU, WAS DU DA GERADE **MACHST**, JUNGER MANN?

Aber ich war viel zu erschrocken, um Angst zu haben.

BEI ALLEM RESPEKT, GROSSMAMA, ICH WEISS **SEHR GENAU**, WAS ICH TUE!

ICH VERSUCHE **ALL** **DAS** HERAUSZUFINDEN, WAS DU MIR VERSCHWIEGEN HAST!

WAS ... ALSO ... ICH ...

UND **GENAU DAS** WERDE ICH TUN!!

Großmutter brachte vor Empörung kein Wort heraus.

Und eine Stunde später hatte ich endlich das „schreckliche Geheimnis" meiner Eltern gelüftet.

Es bestand darin, dass sie eine Ménage-à-trois gelebt hatten, mit einem kränklichen jungen Mann.

Ungewöhnlich, zugegeben! Doch bei Weitem nicht schrecklich genug, um einen Jungen seiner Familie zu berauben.

Aber das war noch längst nicht alles ...

John Russell der Jüngere hinterließ seine Eltern Lord John Russell und Lady Frances Anna Maria Elliot Russell, seinen älteren Bruder William sowie seinen kleinen Sohn Bertrand Arthur William Russell, der nun an bei den Großeltern aufwachsen wird.

ICH HABE EINEN ONKEL?

In jenem Jahr begann ich mein erstes philosophisches Werk: ein persönliches Tagebuch!

Und weil ich mich im Krieg mit Großmutter befand, benutzte ich eine Geheimschrift.

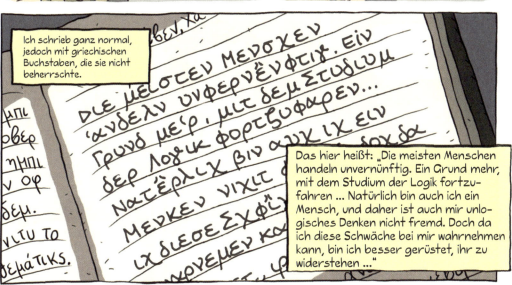

Ich schrieb ganz normal, jedoch mit griechischen Buchstaben, die sie nicht beherrschte.

Das hier heißt: „Die meisten Menschen handeln unvernünftig. Ein Grund mehr, mit dem Studium der Logik fortzufahren ... Natürlich bin auch ich ein Mensch, und daher ist auch mir unlogisches Denken nicht fremd. Doch da ich diese Schwäche bei mir wahrnehmen kann, bin ich besser gerüstet, ihr zu widerstehen ..."

„Griechisch-Übungen", wie ich mein Tagebuch listigerweise nannte, wurde zum Hort all meiner heimlichen, verbotenen Gedanken.

Es gab viel hineinzuschreiben.

... DESHALB, WIE WIR VOM **PARALLELENAXIOM** HER WISSEN ...

DAS IST **WAS**?

DIE TATSACHE, DASS EIN **PUNKT** AUSSERHALB EINER **GERADEN** VON NUR **EINER** PARALLELE ZU DIESER GERADEN DURCHLAUFEN WERDEN KANN.

DAS HABEN WIR ABER NOCH NICHT **BEWIESEN**!

UND ZWAR DES-WEGEN, WEIL ES EIN **AXIOM** IST!

ABER SIE HABEN GESAGT, DASS IN DER GEOMETRIE **ALLES** BEWIE-SEN WERDEN MUSS.

WAS NÜTZT EIN **BEWEIS**, DER AUF ETWAS **UNBEWIESENEM** AUFBAUT?

NUN, SOGAR DER ALTE **EUKLID** MUSSTE IRGENDET-WAS ALS GEGEBEN ANNEHMEN!

Dies war für mich ein Moment großer Enttäu-schung ...

... gleichzeitig Antrieb für den Rest mei-nes Lebens.

Es war ein kalter Abend während meines letzten Jahrs in Pembroke ...

Ich schrieb meine Gedanken gerade wieder in die „Griechisch-Übungen", da ertönte das alte, schreckliche Geheul.

OOOHHHH

OOOHHHHH

Diesmal würde ich der Wahr-heit auf die Spur kommen!

OOHHOO

SELIG SIND DIE ARMEN IM GEISTE ...

OOOHHH

In seinem Gesicht sah ich die Verkörperung dessen, was meine größte Angst werden sollte ...

Wahnsinn!

Um ein Haar hätte mich der Wahnsinn gleich in jenem Moment erwischt ...

... und ich hätte meinem Leben ein Ende gesetzt ...

SELIG SIND DIE, DIE HUNGERN UND DÜRSTEN ...

... hätte nicht die Hoffnung auf Vernunft mich ...

... zurückgehalten - die Vision einer total logisch aufgebauten Welt, wie ich sie in der Mathematik erblickt hatte.

2. DER ZAUBERLEHRLING

HM...

ZZZ

UND?

NNNN

SO WOLLT IHR EUCH ALSO DEM THEMA „LOGIK UND WAHNSINN" ANNÄHERN.

DAS LEB-BEN SELBST NÄ'ERT SISCH SO AN!

NUN JA – ABER HATTE RUSSELL NICHT EINEN *BRUDER*?

JA, SEHR VIEL ÄLTER. ER GING AUF EIN INTERNAT.

WIR HABEN IHN RAUSGELASSEN!

EIN „COMIC-OPFER"...

JA, SONST MÜSS-
TE ICH NOCH BIS ZUM
SANKT-NIMMERLEINS-
TAG ZEICHNEN!

WAS DIE
ANGST VORM
WAHNSINN ANBE-
LANGT ...

NUN, **DIE**
HABEN WIR
NICHT RAUS-
GELASSEN!

IST ES
NICHT EIN BISSCHEN
WEIT HERGEHOLT, ZU
BEHAUPTEN, RUSSELL
HÄTTE **SELBSTMORD**
BEGANGEN ...

... WÄRE DIE
MATHEMATIK NICHT
GEWESEN?

NEIN, DAS STEHT IN
DEN „GRIECHISCH-
ÜBUNGEN"!

DORT STEHT
WIRKLICH: Ιχ ῶε̄ρδε
μιχ υμβριυγεν?**★**

Ια! Υνδ ϛετζτ,
ωενν Ιηρ νιχτσ
δαγεγεν ηαβτ, ζυρε̆κ ζυρ
Γεσχτε ...**★★**

★   „Ich würde mich umbringen."
★★ „Ja! Und jetzt, wenn ihr nichts dagegen habt, zurück zur Geschichte ..."

Und nun, meine Damen und Herren, stellen Sie sich vor, ich befände mich in einem Saal wie diesem hier ...

... diesmal jedoch als Teil des Auditoriums!

Eines Auditoriums, das wohlgemerkt ausschließlich aus jungen Männern besteht!

Da sitzt er ja ... in der dritten Reihe!

... Herr Bertie Russell!

Es ist mein erstes Jahr in Cambridge.

NEHMEN WIR AN, C SEI EIN INFINITE-SIMAL ...

... DANN KÖNNEN WIR EINE ALGE-BRAISCHE TECHNIK ...

Mein erster Schritt auf dem Weg, meinen Traum zu erfüllen und Mathematiker zu werden.

VERZEI-
HEN SIE, HERR
PROFESSOR!

ICH WOLL-
TE SIE FRAGEN, WIE
SIE „INFINITESIMAL"
DEFINIEREN.

NATÜRLICH ALS
„DAS, WAS UNENDLICH
KLEIN IST", *INFINIT*
EBEN!

Aber meine erste Bekanntschaft mit
der „Königin der Wissenschaften" war
eine einzige Enttäuschung.

ABER DAS IST EIN
ZIRKELSCHLUSS!

SIE KÖNNEN EI-
NEN BEGRIFF NICHT DEFI-
NIEREN, INDEM SIE IHN ZUM
TEIL DER DEFINITION
MACHEN!

OH? STELLEN SIE
ETWA NEWTONS ERFIN-
DUNG DER INFINITESIMAL-
RECHNUNG INFRAGE?

NEIN! NEWTON
STELLT EUKLIDS ERFIN-
DUNG DER EXAKTHEIT
INFRAGE.

MATHEMATIK IST DIE LETZTE
BASTION DER VERNUNFT. WIR DÜRFEN SIE
NICHT DURCH SCHLAMPIGES DENKEN
UNTERMINIEREN.

EINEM AN-
MASSENDEN JUN-
GEN MANN ZULIEBE
ÄNDERN ALLERDINGS
ERST RECHT
NICHT!

Ich hatte gehofft, durch das Studium der Mathematik zum Wesen der Wahrheit vorzustoßen ...

SEUFZ

... stattdessen brachte man mir billige Rechentricks bei!

Meinem Wissensdurst tat das jedoch keinen Abbruch.

ENTSCHULDIGUNG, WO GEHT'S BITTE ZUR UNIVERSITÄTSBIBLIOTHEK?

In Cambridge entdeckte ich neue Welten und ...

... Möglichkeiten.

"PRINZIPIEN GIBT ES NICHT', SAGTE BASAROW. ,ICH LIEBE WIDERSPRUCH! MEIN HIRN IST DEMENTSPRECHEND ANGELEGT!'"

I. Turgenew
VATER UND SÖHNE

Und dank der neuen Romane voll wilden, echten Lebens schwand schließlich auch meine Angst vor Großmutters strengen Geboten.

Das moderne Theater verlieh mir den Schlüssel zu dunklen Geheimnissen ...

ICH BE-KAM FURCHT-BARE KOPF-SCHMERZEN ...

ALS WÜRDE MIR EIN ENGER EISENRING UMS GENICK GE-SCHRAUBT!!!

... Geheimnissen der Vererbung.

DER DOKTOR HAT MIR DIE WAHR-HEIT GESAGT!!!

W...WAS?

„IN DIR STECKT DER WURM DRIN, VON GEBURT AN!" DIE SÜNDEN DER VÄTER – AN IHREN KINDERN WERDEN SIE VERGOLTEN!

OHHH!!!

GESPENSTER! WIR ALLE SIND GESPENSTER!!!

Die Einsicht war schmerzhaft.

DRECK! DER REINSTE ABSCHAUM!

TOTAL WIDERLICH!

GUT GEMACHT, MR IBSEN!

Die „Dramatic Society" präsentiert GESPENSTER

Ein neues Stück von Henrik Ibsen

AUCH WENN'S NOCH SO WEHTUT – ER HAT **RECHT**: „WIR ALLE HABEN REICHLICH **BALLAST** AN BORD."

... DEN WIR **LOSWER-DEN MÜSSEN**!

Aber der Schmerz verwandelte sich in Mut!

Endlich war ich bereit, gegen meinen alten Feind anzukämpfen ...

Während eines Urlaubs in Wales wurden mir die Zeilen von Shelleys Gedicht „Alastor" zur Begleitmusik einer Reise in ein inneres, wunderschönes Land.

... die Irrationalität in ihrer höchsten Form! Meinem aufgeklärten Geist präsentierte sich Wahnsinn jetzt als schwachen Lebensgeistern geschuldete Krankheit, die jene der natürlichen Harmonie der Vernunft entzog.

„QUÄLENDE HOFFNUNG UND VERZWEIFLUNG SCHLIEFEN. NICHT IRD'SCHE PEIN, NICHT FURCHT BEDRÄNGTEN MEINE RUH ..."

„DEM HAIN IN DUNKELGRÜNER SCHLUCHT ENT-
STRÖMT VON MOSCHUSROSEN UND JASMIN ..."

„... EIN DUFT, SO SINNBETÖREND SCHÖN,
LÄDT EIN ZU LIEBLICH RÄTSELHAFTEM TUN ..."

„O FLUSS, DES URQUELLS UNERFORSCHLICH BODENLOS,
WOHIN MAG DEIN GEHEIMNISVOLLER STROM SICH WENDEN?"

Ich begriff die Natur
als Verkörperung
einer neuen Freiheit ...

... der Freiheit, die
ich brauchte, um
meinen eigenen „Bal-
last" loszuwerden.

„DU, SCHÖNER VOGEL DU, IM ANFLUG AUF DEIN HEIM,
WO SANFT DIE DEINE IHREN FEDERWEICHEN HALS
UM DEINEN SCHMIEGT UND DICH WILLKOMMEN HEISST!"

Bei einem anderen Ausflug stieß ich auf das perfekte Symbol für Großmutters Glauben.

„EIN HAUS AUF SAND GEBAUT ..."

... DAS VERSINKT!

Bis dahin hatten Kirchen in mir die Furcht vor einem allmächtigen Wesen ausgelöst ...

Dieses Mal nicht.

Diese totale Leere tat mir gut.

Eine ganz neue Erfahrung von Ekstase erwies sich als bestes Mittel gegen den letzten Rest von Furcht.

JUUHUUUUUU...

Während jener Jahre litt ich oft unter einer enormen inneren Anspannung.

Meine fast manische Leidenschaft für gesichertes, absolutes Wissen ...

... wurde durch meine Einsamkeit sicher noch angeheizt.

Genau da traf ich die Frau, die ich später heiraten sollte.

Alys Pearsall Smith.

Sie entstammte ebenso wie ich einer streng religiösen Familie ...

... in der es natürlich auch einige Fälle von Wahnsinn gab!

Unsere Freundschaft entwickelte sich jedoch zunächst ganz normal ...

„BERUFSMATHEMATIKER"? WAS PRODUZIERT DENN EIN BERUFSMATHEMATIKER? ENDLOS LANGE SUMMEN?

FAST INS SCHWARZE GETROFFEN!

... nach meinem Geschmack sogar ein wenig zu normal!

IN CAMBRIDGE REDET NIEMAND ÜBER DIE **EIGENTLI-CHEN** PROBLEME DER MATHEMATIK.

DIE EI-GENTLICHEN PROBLEME?

NA JA – ÜBER DAS WESEN **MATHEMATISCHER WAHRHEIT** Z.B. ...

... UND WIE WIR SIE FINDEN!

JA, WIE DENN?

SIE AHNEN JA NICHT, WIE VIEL VON **DIESEN FRAGEN** AB-HÄNGT ...

WIE **ENTSCHEI-DEND** SIE SIND!

HÄTTEN MATHEMATIKER DOCH BLOSS EIN BISSCHEN VON DER LEIDENSCHAFT, MIT DER **PHILOSOPHEN** NACH DER WAHR-HEIT SUCHEN!

AH ... PHI-LOSOPHIE! DIE IST MIR SCHON LIEBER!

ACH?

DANN SOLLTE ICH VIELLEICHT LIEBER **DAS** STUDIEREN ...

Oh Mann ...

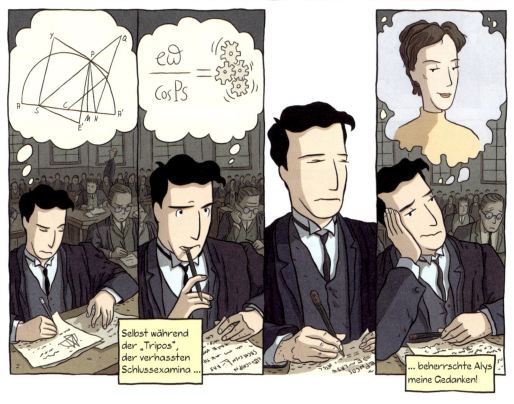

Und das mit durchaus nützlichen Folgen!

Mathematischer Tripos

MIT AUS-ZEICHNUNG ... NICHT SCHLECHT!

GRATULIERE, MR RUSSELL!

?

ICH HOFFE, DER ERFOLG VERHILFT IHNEN ZU EINER HÖHEREN MEINUNG VON DER MATHEMATIK!

IM GEGENTEIL, PROFESSOR! JETZT BIN ICH DAVON ÜBERZEUGT, DASS DAS MORSCHE FUNDAMENT NACH-GEBEN WIRD.

Endlich konnte ich offen sein ...

DAS MATHEMA-TISCHE GEBÄUDE WIRD ZUSAMMENBRECHEN!

HABEN SIE KEINE ANGST, VON SEINEN TRÜMMERN MIT ERSCHLAGEN ZU WERDEN?

... und Entschei-dungen treffen.

NEIN! DA ICH NICHT VORHABE, MICH IN IHM AUFZUHALTEN!

!

Als „Fellow" oder Forschungsassistent stand es mir frei, einen neuen Weg einzuschlagen.

ANAXAGORAS – ARISTOT

Ich las wie Shelleys „genialer und verzweifelter Alchimist" mit vollkommener Hingabe.

Ich war hungrig nach gesichertem Wissen.

Die Eroberung von Alys' Herz verfolgte ich währenddessen weiter.

UND? WIE GEHT ES IHRER NEUEN LEIDENSCHAFT?

MHM, WEISS NICHT SO GENAU ...

OH? MISSFÄLLT MEISTER BERTIE AUCH DIE PHILOSOPHIE?

ZUMINDEST VERSUCHEN MATHEMATIKER, SICH NICHT ZU WIDERSPRECHEN!

PHILOSOPHEN HINGEGEN SIND ALLE „BEDEUTEND" ... UND TOTAL GEGENSÄTZLICHER AUFFASSUNG!

PHILOSOPHIE ZU STUDIEREN HEISST, EINEN AUFLAUF AUS **SÄMTLICHEN** NUR MÖGLICHEN IDEEN IN SICH REINZUSTOPFEN!

EIN PLATONIKER SIEHT IN DER SINNLICHEN WELT BLOSS EINE **SCHLECHTE** KOPIE DER WIRKLICHKEIT...

WÄHREND EIN **ARISTOTELIKER** ALLES AUF DER **WAHRNEHMUNG** AUFBAUT!

SIND GEISTIGE VORSTELLUNGEN **ANGEBOREN** ODER **ERWORBEN**?

ANGEBOREN, SAGT DER BEDEUTENDE KANT!

ERWORBEN, SAGT DER BEDEUTENDE HUME!

STEHEN **GEIST** UND **MATERIE** IM WIDERSPRUCH?

JA, SAGT **DESCARTES**!

NEIN, SAGT **SPINOZA** ...

SIE HABEN DIE WAHL, FRL. SMITH!

Zusammen mit meinem Freund Moore suchte ich Erleuchtung zu Füßen des gerade angesagtesten Hegelianers.

ABER BEIDES, DAS **IDENTISCHE** UND DAS **NEGATIVE**, IST EIN UND DASSELBE, DIE **SUBSTANZ** IST NUR IN IHREM **GEGENTEIL** IDENTISCH MIT SICH SELBST, UND DIES MACHT DIE **ABSOLUTE IDENTITÄT** DER ALS **ZWEI GESETZTEN SUBSTANZEN** AUS. DIE AKTIVE SUBSTANZ WIRD DURCH DAS WIRKEN, D. H., INDEM SIE SICH ALS **DAS GEGENTEIL IHRER SELBST** SETZT, WAS ZUGLEICH DAS AUFHEBEN IHRES VORAUSGESETZTEN ANDERSSEINS ...

O MANN!

Moore verstand mich.

DIESEN MÜLL NENNEN SIE **PHILOSOPHIE**?! ICH WILL ZUGANG ZUR **REALITÄT** FINDEN, VERDAMMT! ICH SUCH EINE METHODE, **GESICHERTES** WISSEN ZU ERLANGEN!

NUN, BEI **HEGEL** SCHEINST DU SIE NICHT ZU FINDEN!

WO DANN?

GÄBE ES IN DER PHILOSOPHIE DOCH BLOSS EINEN EUKLID!

IHRE MELONE IST FERTIG, SIR!

EINEN, DER IHR EINE **FESTE GRUNDLAGE** UND EINE **LOGISCH PRÄZISE SPRACHE** VERLEIHEN WÜRDE!

Bei einem Hutmacher fand ich schließlich, wonach ich suchte.

ABER GENAU DAS HAT **LEIBNIZ** GETAN ...

... MIT SEINEM „CALCULUS RATIOCINATOR"!

„RATIOCINATOR"?

JA! EIN WEG, DAS **DENKEN** EBENSO KLAR ZU GESTALTEN WIE GEOMETRIE!

SO KLAR, DASS WIR BEIM AUFTRETEN EINER **MEINUNGSVERSCHIEDENHEIT** NUR SAGEN MÜSSEN ...

DRRRRRR

ZDRONK

CLUNK

„CALCULEMUS!".

„LASS ES UNS NACHRECHNEN."

ABER DAZU MÜSSTE MAN DIE **LOGIK** ZU EINER **EXAKTEN WISSENSCHAFT** MACHEN!

DER KAMPF DARUM HAT GERADE BEGONNEN ...

95

DAS, WOVON **LEIBNIZ** MIT DEM „CALCULUS RATIOCINATOR" TRÄUMTE, SETZTE **GEORGE BOOLE** MIT SEINEN „**GESETZEN**" FORT.

?

VIELLEICHT SETZEN SIE SIE MAL AUF, SIR?

WARUM KENN ICH DAS NICHT?

WEIL PHILOSOPHEN DAS FÜR MATHEMATIK UND **MATHEMATIKER** FÜR PHILO- SOPHIE HALTEN!

SCHAU ...

Meine erste Begeg- nung mit Euklid hatte den Keim gelegt ...

DIE **ATOME** DER LOGIK SIND DIE **AUSSAGEN** ...

... aber Leibniz' Traum war die Nachricht der Stunde.

... DIE WIR NACH BESTIMMTEN GESETZEN KOMBINIEREN.

Von diesem Tag an wusste ich: Ich war ein ...

LOGIKER!

AHA ... JETZT WIRD DIE SACHE **SPANNEND**!

Noch dort im Laden führte mich Moore in eine neue, außergewöhnliche Welt.

LOGIK KOMBINIERT BEKANNTES, UM ZUM UNBEKANNTEN VORZUDRINGEN.

DAS WUSSTEN SCHON DIE GRIECHEN!

ABER LEIBNIZ WANDTE EINE FORMALE, SYMBOLISCHE SPRACHE AN, UM DINGE ZU BEHAUPTEN WIE ...

$$A \oplus A = A$$

„EINE UM SICH SELBST VERMEHRTE TAUTOLOGIE IST EINE TAUTOLOGIE."

AUSZEIT!

„EINE UM SICH SELBST VERMEHRTE TAUTOLOGIE IST EINE TAUTOLOGIE." IST DAS NICHT EIN BISSCHEN ZU SEHR FACHCHINESISCH?

ICH MEINE, WAS IST EINE „TAUTOLOGIE"?

„EINE TAUTOLOGIE IST EINE AUSSAGE, DIE AUFGRUND IHRES LOGISCHEN AUFBAUS WAHR SEIN MUSS, WIE IN ‚ALLE ROTEN AMEISEN SIND ROT'."

ICH WEISS, WAS EINE TAUTOLOGIE IST, DANKE!

ABER WEISS DAS AUCH DER NORMALE LESER?

GIBT'S SO EIN WESEN ÜBERHAUPT?

97

ICH FINDE, AN DIESER STELLE SOLLTEST DU ETWAS **LOGIK** EINFÜHREN ...

... EIN PAAR GRUNDLEGENDE BEGRIFFE.

Von dem Tag an, an dem ich erfuhr ...

ICH REDE MIT **DIR**, ALTER JUNGE!

ER KANN DICH NICHT HÖREN, DAS MUSST DU SCHON MACHEN!

DIES IST DIE GE-SCHICHTE DER **LOGIK**, RICHTIG?

NEIN! DIE GE-SCHICHTE DER **MEN-SCHEN** DAHINTER!

DIE KANN MAN NICHT VERSTEHEN, OHNE IHRE **IDEEN.**

WIRKLICH NICHT?

NUN, DAS HÄNGT AUCH DAVON AB, WIE DIE GESCHICH-TE WEITERGEHT.

SO WIE **ALLE** GESCHICHTEN WEI-TERGEHEN, LEIDEN-SCHAFTLICH ...

... EINE TRAGÖ-DIE MIT LOGIKERN ALS HELDEN!

WENN ES MA-LER WÄREN, WÜRDEST DU NICHT AUCH DEREN GEMÄLDE ZEIGEN?

O.K., WAS GENAU SCHWEBT DIR VOR?

ZUMINDEST DIE FACHAUS-DRÜCKE ZU DEFINIEREN!

WAS IST DAS – „LOGIK"?

NUN, EIN ÄH ... EINE ...

... EINE METHODE?

EIN SYSTEM!

MAN FÄNGT MIT ETWAS GROSSEM AN ...

NEIN ... MIT VIELE KLEINE DINGE ...

ACH WAS! MAN BEGINNT MIT EIN PAAR EINFACHEN TATSACHEN UND ...

O.K.! ES IST SO: NACH ARISTOTELES IST LOGIK „EINE NEUE UND ...

... ZWINGENDE BEWEIS-FÜHRUNG".

„NEU"?

„ZWINGEND"?

NEU, WEIL MAN ETWAS UNBEKANNTES RAUSKRIEGT ...

UND ZWINGEND ...

SCHLÜRF SCHLÜRF

Kaum hatte ich das erste Mal von ihm gehört, ließ mich der Traum von einem rein logischen Kalkül nicht mehr los. Diese neue Begeisterung sollte mein Leben völlig bestimmen ...

... na ja, fast völlig!

BERTIE?

So vernunftbestimmt kann kein Ort sein, als dass nicht der Eros mit seiner Irrationalität einen Weg dorthin fände ...

IST DER AUTOR DEINES BUCHES SO FASZINIEREND?

GESETZE DES DENKENS

George Boole

FASZINIEREND GENUG ...

Lewis Carroll
ALICE IM WUNDERLAND

... UM HELD IN EINEM BUCH DEINES AUTORS SEIN ZU KÖNNEN!

GESETZE DES DENK...

OH?

LEWIS CARROLL ALIAS MR DODGSON KENNT SICH BESTENS IN BOOLES IDEENWELT AUS!

IN DER WELT DES MANNES, DER LOGIK SO KLAR GESTALTET HAT WIE ALGEBRA!

WAS DU NICHT SAGST!!

WIE SAGTE **DIEDELDEI** SO SCHÖN?

„ANDERSRUM! WENN'S SO WÄRE, KÖNNT **ES SEIN**. UND WENN'S SO SEIN KÖNNTE, **WÄRE ES**. WEIL'S ABER NICHT SO IST, ISSES AUCH NICHT. IST DOCH **LOGISCH!**"

ACH! TAT-SÄCHLICH?

MIR NACH, WENN DU'S RAUSFINDEN WILLST, KLEINE ALICE.

... NEIN A-L-Y-S NATÜRLICH!

ABER DAZU SIND **DIEDELDEI** ...

... ODER **DIEDELDUM** NICHT DIE RICHTIGEN!

HEE!

MIAAUU

OH, HALLO **GRINSEMUSCH!** SAG MIR, WELCHEN WEG ICH GEHEN SOLL?

DAS HÄNGT DAVON AB, WO DU **HINWILLST!**

HM ... IST MIR ZIEMLICH **SCHNUPPE**, WOHIN!

DANN IST ES AUCH EGAL, WELCHEN **WEG** DU NIMMST!

SECHZEHN ...
SIEBZEHN ...

ZWANZIG!

HAB DICH!

WO IST ER?

IST GUT, ICH GEB AUF! WIE GEHT'S WEITER?

KOMMT GANZ DRAUF AN, **WOHIN** DU GEHEN WILLST, KLEINE ALYS!

Hampton Court mit seinem Labyrinth war ideal, um Boole'sche Logik zu vermitteln!

Um durchzukommen, muss man festlegen, ob bestimmte Wege den Wert 1 haben, d.h., „dieser Weg führt zum Ausgang"...

... oder 0, das heißt, „er tut's nicht!".

Wenn also ein Weg X bis zu einem bestimmten Punkt den Wert 1 hat und sich dann in Y und Z teilt ...

... notieren wir unsere Wahl einer korrekten Fortsetzung so.

Das bedeutet, dass X als Y oder Z weitergeht ...

... und den Wert 1 behält, wenn entweder Y oder **Z** oder beide den Wert 1 haben, sich aber in 0 wandelt, wenn Y und **Z** beide **0** sind!

107

Da mein zukünftiger Schatz jedoch merkwürdigerweise kein Interesse an den Feinheiten algebraischer Logik zeigte ...

... musste ich uns schließlich selbst aus dem Labyrinth führen!

Aber da fand ich Alys in eine andere Art binärer Fragestellung vertieft.

?

ER LIEBT MICH ... ER LIEBT MICH NICHT ...

ALYS ...

ER LIEBT MICH ... OH, HALLO BERTIE!

SORRY, MEINE LIEBE ...

ICH WOLLTE DIR BLOSS ZEIGEN, WIE EINE FOLGE VON „UND"- BZW. „ODER"-ENTSCHEIDUNGEN HILFT ...

ER LIEBT MICH NICHT ...

ER LIEBT MICH ... ER LIEBT MICH NICHT ...

... DAS RÄTSEL DES LABYRINTHS ZU LÖSEN ...

... WENN MAN METHODEN EINES LOGISCHEN KALKÜLS ANWENDET.

ER LIEBT ...

UND WIE LÖST MAN MEIN RÄTSEL?

ÄH ...

... WAS FÜR EIN RÄTSEL?

OB ER MICH LIEBT!

NUN ... ÄH ...

OB WER DICH LIEBT?

DREIMAL DARFST DU RATEN!

Und so ...

109

... fand ich mich am Ende meiner improvisierten Lehrstunde als Schüler wieder.

MMMMMMMM...

Unvorbereitet, wie ich war, schlug ich mich nicht übel!

Als absoluter Laie in Sachen weibliche Psychologie hielt ich das Zusammentreffen für einen großen Erfolg.

ACH, BERTIE, ICH GLAUBE, SIE HASST MICH!

RED KEINEN UNSINN, LIEBSTE.

Kurze Zeit später nahm ich Alys mit nach Pembroke Lodge.

SIE BETET DICH AN!

FINDEST DU?

GROSSMAMA, DARF ICH DIR ALYS SMITH VORSTELLEN?

JA, UND ICH AUCH!!!

BERTIE!

Wie gesagt: Mit Alys begegnete mir zum ersten Mal ...

... jene unlogischste aller Leidenschaften, die wir „Liebe" nennen.

Anfänger, der ich war, gab es für mich nur eine Lösung.

DIE KLEINE SMITH „HEIRATEN"? PAPPERLAPAPP! KOMMT ÜBERHAUPT NICHT INFRAGE, BERTIE!

ABER ICH LIEBE SIE, GROSSMAMA.

„LIEBST" SIE? WAS FÜR EIN UNSINN! DU BEGEHRST SIE, SONST NICHTS!!!

DAS TU ICH AUCH!

ÜBRIGENS SAGT MAN, ES GÄBE FÄLLE VON WAHNSINN IN IHRER FAMILIE!

WIE BEI UNS ALSO ...

EIN GRUND MEHR FÜR DICH, SIE NICHT ZU HEIRATEN!

Dies war einer der seltenen Fälle, in denen das Schreckgespenst vom Wahnsinn keine Wirkung bei mir zeigte.

So dringlich war mein Wunsch nach der Ehe ... und danach, sie zu vollziehen!

OH!

111

Während meine Liebe also endlich Fortschritte machte, kam meine Karriere als Denker nicht recht weiter.

SCHAU NICHT SO FINSTER DREIN, ALTER JUNGE, DU HAST DOCH EIN ZIEL: LOGIK LERNEN!

"LOGIK LERNEN" TU ICH SEIT EINEM JAHR ...

... ABER ES REICHT MIR IRGEND- WIE NICHT!

DANN LERN HALT MEHR!

MEHR GIBT'S NICHT...

Um meine missliche Lage zu verstehen, dürfen Sie nicht vergessen, dass sich mein ursprüngliches Ziel nie verändert hat: gesichertes Wissen über die Welt ...

... zu gewinnen, Wissen, das nur durch Wissenschaft erlangt werden konnte.

Aber Wissenschaft hing von Mathematik ab, und die war total verhunzt, von unbewiesenen Voraussetzungen und Zirkelschlüssen durchsetzt. Um sie zu reparieren, bedurfte es einer kraftvollen Logik ...

... aber die gab es nicht! Wir steckten in der Sackgasse.

Damals schien mir die Mathematik dem Bild zu ähneln, das die indische Mythologie von der Erde hatte: Ihre vermeintliche Festigkeit hing von den Launen ihres Trägers ab. Die Mathematik ruhte ...

... auf wackligem Fundament!

Der erbärmliche Zustand der „Königin der Wissenschaften" wurde durch die Erfolge der Physik noch verschlimmert.

DIE ARBEIT VON **THOMSON** UND **RUTHERFORD** IST WAHRHAFT REVOLUTIONÄR!

WIR NÄHERN UNS **DEMOKRITS** VISION, DER ENTDECKUNG DER **ATOME**, AUS DENEN MATERIE BESTEHT!

... UNSERE ARME **MATHEMATIK** HINKT SCHRECKLICH HINTERHER!

UND SCHLIMMER NOCH: DIE MATHEMATIKER **STELLEN** SICH NICHT DEM **EIGENTLICHEN** PROBLEM!

Moore und ich träumten von großen Entdeckungen.

WIR **MÜSSEN** IHNEN DAS AUSMASS DES DURCHEINANDERS BEWUSST MACHEN!

NUR **DANN** HABEN WIR EINE CHANCE, DAS HAUS DER **MATHEMATIK** ZU ORDNEN!!!

SORRY, WENN ICH MICH EINMISCHE, JUNGS, ABER DAS IST DOCH VÖLLIGER UNSINN! DIE MATHEMATIK **IST** IN BESTER ORDNUNG!

Die Situation war entsetzlich: Den wenigsten Mathematikern war bewusst, auf wie dünnem Eis ihre Grundlagen sich bewegten.

ES SIND ALLES IDIOTEN, MOORE!

NUR NICHT VERZAGEN, ALTER!

Gleichwohl: Meine Verzweiflung hatte bald ein Ende, traf ich doch endlich auf einen Mann, der die Sache erfrischend klar anging.

UM IN DER **MATHEMATIK** IRGENDEINE ART VON **SICHERHEIT** ZU ERLANGEN, MÜSSEN WIR ERNEUT IHRE GRUNDVORAUSSETZUNGEN PRÜFEN, MÜSSEN GANZ **VON VORN ANFANGEN.**

AUSSAGE XV.   Wenn $x \neq y$, dann $y \neq x$.
AUSSAGE XVI.   Wenn $z \neq xy$, dann $z \neq x$, $z \neq y$, $z \neq x+y$.
AUSSAGE XVII. Wenn $z \neq xy$, dann $\bar{x}\bar{y} \neq \bar{z}$, $\bar{x}+\bar{y} \neq \bar{z}$.
AUSSAGE XVIII. Wenn $z \neq x+y$, dann $z \neq x$, $z \neq y$, $z \neq xy$.
AUSSAGE XIX.   Wenn $z \neq x+y$, dann $\bar{x}\bar{y} \neq \bar{z}$, $\bar{x}+\bar{y} \neq \bar{z}$.
AUSSAGE XX.   Wenn $xz \neq y$, und $x \neq y+z$, $x \neq y$.

HÖRT, HÖRT!

In Alfred Whitehead fand ich einen starken Gleichgesinnten.

... einen Mentor.

ES GIBT LEUTE, DIE DIE SITUATION IN ALLER KLARHEIT SEHEN, RUSSELL. ABER DIE BEFINDEN SICH LEIDER ALLE AUF DEM **KONTINENT.**

WENN WIR DEN GESUNDEN TEIL DER **MATHEMATIK** MIT DEM KONZEPTIONELLEN ANSPRUCH DER **NEUEN LOGIK** VEREINIGEN, KÖNNEN WIR KRAFTVOLL ANGREIFEN.

„NEU"? **LOGIK** HAT SICH SEIT **BOOLE** KEIN **BISSCHEN** WEITERENTWICKELT!

GEWISS, SIE IST NICHT MEHR DA, WO SIE BEI **ARISTOTELES** WAR ...

ABER IST SIE STARK GENUG, UM ES MIT DER **MATHEMATIK** AUFZUNEHMEN?

NUN, ES GIBT EIN DEUTSCHES SPRICHWORT: „DIE BESTE BILDUNG FINDET EIN GESCHEITER MENSCH AUF REISEN!"

Whitehead habe ich es mehr als jedem anderen zu verdanken, dass mein Blick über den Provinzialismus des mathematischen Establishments in England hinausging.

Von ihm ermutigt, brach ich auf zu einer groß angelegten intellektuellen Entdeckungsreise ...

... auf der ich den neuen Stars der Logik begegnete.

Aber bevor ich damit anfing, das Haus der Mathematik zu ordnen ...

... machte ich schon bald den ersten Schritt zur Gründung meines eigenen!

Alys und ich heirateten im „Bethaus" der Quäker, denen ihre Familie angehörte.

Ich hielt mich wacker.

Im Verlauf der „Schweigenden Andacht"...

... überkam mich bloß ...

... ein Mal die Müdigkeit.

Umso glücklicher war ich, als es vorbei war!

3. WANDERJAHRE

Europa war für mich ein Garten seltener intellektueller Lüste.

Ich durchquerte es wie ein Zauberreich!

Jeden Tag lernte ich Dinge dazu, Dinge, die mich tiefer in ein magisches Königreich hineinzogen ...

... ein Königreich, frei von allen Irrungen und Konfusionen, die die materielle Welt heimsuchen.

KANNST DU MIR MAL BEIM GEPÄCK HELFEN, BERTIE?

In Cambridge war ich zufällig auf die „Begriffsschrift" gestoßen, einen rätselhaften deutschen Text.

Fünf Minuten Aufenthalt!

Die dort eingeführte „Formelsprache" stimmte mit Leibniz' Vision einer durch und durch logischen Sprache überein.

Ihr Autor lebte in der kleinen deutschen Stadt Jena, bekannt für seine Philosophen ...

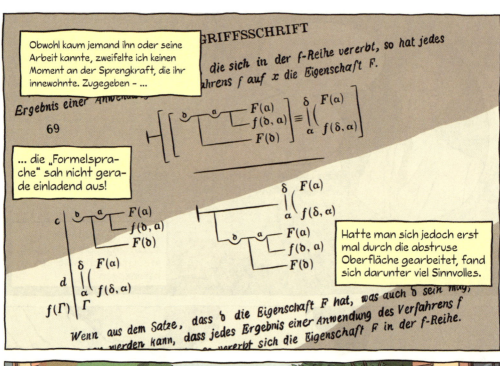

... UND DAS IST MRS ALYS RUSSELL, MEINE EHEFRAU.

SEHR ERFREUT, HERR PROFESSOR.

HM, GEHEN SIE REIN. HELFEN SIE DER ANDEREN EHEFRAU, DEN TEE AUFZUBRÜH'N!

!

FRAUEN SIND FURCHTBAR UNLOGISCHE KREATUREN.

ICH HABE DAS MEINER FRAU ZU ERKLÄREN VERSUCHT.

... ABER SIE VERSTEHT'S EINFACH NICHT!

ALSO – WARUM SIND SIE HIER ... WIE FINDEN SIE MEINE ARBEIT?

MEINE „BEGRIFFSSCHRIFT"?

EHRLICH GESAGT NICHT GANZ EINFACH. SIE UNTERSCHEIDET SICH DOCH SEHR VON BOOLE!

JA, MEIN ZIEL IST JA AUCH EIN ANDERES! BOOLE WILL EIN RECHENWERKZEUG.

ABER DAS ZIEL VON LOGIK KANN NICHT RECHNEN SEIN ...

... SONDERN GESTALTUNG DER REALITÄT!

ERSTAUNLICH, DASS EIN MATHEMATIKER DAS BEHAUPTET!

„ERSTAUNLICH"?

... WAS IST SO ERSTAUNLICH AN EINEM VERNUNFTBEGABTEN WESEN, DAS DIE WAHRHEIT SAGT?

WIR SOLLTEN EIN BUCH SCHREIBEN, FRAU FREGE: „DIE QUAL, MIT EINEM LOGIKER VERHEIRATET ZU SEIN"!

ACH, MEIN GOTTLOB IST EINE GUTE SEELE. ABER MANCHMAL GEHT ER MIR AUF DIE NERVEN!

DIESE STÄNDIGE „EXAKTHEIT"... DIE „STRENGE".

DAZU DIESE GEISTES-ABWESENHEIT!

... DIE GEWÖHNLICHE SPRACHE EIGNET SICH NICHT FÜR DIE WISSENSCHAFT!

... DAS REICHT GRAD MAL FÜR DIE KÜCHE!

GOTTLOB!

DAS SIND GENUG ROSEN!!!

KOMM REIN, DU NARR, DU RUINIERST NOCH MEINEN GARTEN!!!

... UM ALSO REALITÄT VERSTEHEN ZU KÖNNEN, MÜSSEN WIR ZUNÄCHST EINE ...

... SPRACHE KRE-IEREN, DIE KOM-PLETT LOGISCH IST!

JA, SCHÖN ...

... ABER SOLL-TEN WIR VORHER NICHT ERST MAL ZU DEN LADIES GEHEN?

NUR EINE DERARTIGE SPRACHE KANN ES MIT DEN **GRUNDLAGEN DER MATHEMATIK** AUFNEHMEN!

GENAU **DESWEGEN** MÖCHTE ICH MEHR DARÜBER ERFAHREN!

SIE SIND EIN **ZENTAUR,** HERR RASSEL: HALB **MATHEMATIKER,** HALB **PHILOSOPH!**

WIE ICH LEBEN AUCH **SIE** IN DIESER DICHOTOMIE! SIE UND ICH SIND ...

... GLEICH-GESINNTE!

Die Idee, die Freges neuer Sprache zugrunde lag, war simpel. Trotzdem vermochte sie es, uns ein neues, jungfräuliches Gebiet zu eröffnen.

VON **ARISTOTELES** BIS **BOOLE** BEDIENEN SICH LOGIKER **SYLLOGISMEN** À LA „**SOKRATES IST EIN MANN**". WENN WIR JEDOCH DER **MATHEMATIK SELBST** LOGISCH AUF DIE SPRÜNGE HELFEN WOLLEN, BRAUCHEN WIR MEHR!

HM ... UND WAS GENAU?

WIR MÜSSEN VARIABLEN INS SPIEL BRINGEN! WIR MÜSSEN SACHEN SAGEN KÖNNEN WIE „**X IST EIN MANN**" ...

... WAS ZUTRIFFT, WENN, ZUM BEISPIEL, X FÜR „**RASSEL**" STEHT, ABER NICHT ZUTRIFFT, WENN ES FÜR EINEN ...

... DIESER DREI KEK...

ACH! FRAU!

?

WO SIND MEINE **DREI KEKSE**? MEINE **DREI KEKSE**, DIE ICH ZUM TEE KRIEGE!

HAST DU SCHON EINEN GE-GESSEN?

NATÜRLICH **NICHT**! ICH ESSE **NIE** EINEN KEKS VOR 17:00, UND JETZT IST ES 16:48! HÄLTST DU MICH FÜR **SENIL**?

NEIN, GOTTLOB, ABER ...

ÄH ... PROFESSOR ...

WARUM IMPLIZIERST DU ES DANN?

ÄHM, PROFESSOR FREGE ...

IHR FEHLT **JEGLICHES** VERSTÄNDNIS FÜR MEINE **GENAUIGKEIT**, HERR DOKTOR.

ÄH ...

ABER, GOTTLOB, ICH HABE **DREI** ...

ES GIBT EINE EINFACHE **LÖSUNG** FÜR DIESES „RÄTSEL DES DRITTEN KEKSES":

ICH ... ÄH ... HAB IHN GEGESSEN!

UNGE-WÖHNLICH!

NIE ISST JEMAND MEI-NE KEKSE!

WEIL **NIE** JEMAND HIER IST, LIEBLING!

Von Jena ging's zu unserem nächsten Reiseziel.

OH, BERTIE ...

WIRST DU AUCH MAL **SO** SEIN?

HM?

DU MEINST, WIE FREGE? NA, ICH HOFFE DOCH **SEHR**!

WIRKLICH?

DU HÄLTST IHN FÜR EINEN ALTEN EXZENTRIKER, ABER ER IST EIN **BEDEUTENDER MANN**!

ICH MÖCHTE ABER NICHT DIE FRAU EINES „**BEDEUTENDEN MANNES**" SEIN!

WENN SEINE **GRILLEN** NUN ABER DIE ANDERE SEITE SEINES **GENIES** SIND?

UND SEINE **STRENGE** IM GROSSEN BLOSS DIE FOLGE SEINER LEIDENSCHAFT FÜR **EXAKTHEIT** ...

... IM KLEINEN BEDEUTET?

EGAL, LASS UNS DIE GEWOHNHEITEN VON RIESEN NICHT SO SCHNELL VERURTEILEN.

„RIESEN" ... DIE GEHÖREN INS MÄRCHEN ...

MORGEN TREFFE ICH EINEN **HEROEN MYTHISCHEN AUSMASSES!** DEN MANN, DER VOM „**BAUM DER ERKENNTNIS DES** *UNENDLICHEN*" ASS!

KLINGT SEHR BLASPHEMISCH!

IST ES AUCH, IRGENDWIE ...

DER **GROSSE GAUSS** HATTE DIE MATHEMATIKER GEWARNT: „BEFASST EUCH NIE MIT DEM UNENDLICHEN ...

... ZUMINDEST NICHT AUGE IN AUGE!"

ABER GEORG **CANTOR** HIELT SICH NICHT DARAN UND ENTDECKTE, DASS ES VERSCHIEDENE **GRADE** VON **UNENDLICHKEIT** GIBT! ER FAND SOGAR WEGE, SIE ZU ZÄHLEN ...

DAS UNENDLICHE KANN MAN NICHT **ZÄHLEN!**

Nächste Station, Halle!

Zahlen bitte!

SCHAU, ES REGNET ...

VOR **CANTOR** SAHEN WIR DAS UNENDLICHE ...

... WIE DURCH EINE SCHEIBE.

UNKLAR.

PASS AUF ... STELL DIR EIN **HOTEL** VOR, MIT *ENDLICH* VIELEN ZIMMERN.

GIBT'S DENN NOCH AN- DERE?

WAS PASSIERT, WENN ES AUSGEBUCHT IST UND NOCH EIN **GAST** ERSCHEINT? WOHLGEMERKT: DOPPELBELEGUNG IST NICHT ERLAUBT!

MAN WIRD DEM GAST DIE TÜRE WEISEN!

NUN STELL DIR EIN **UNENDLICHES** HOTEL VOR: SELBST WENN ES AUSGEBUCHT IST ...

... IST NOCH EIN **ZIMMER FREI!**

HEE!

IHR HOTEL „HIMMELGARTEN", MEINE HERRSCHAFTEN.

GOTT SEI DANK IST ES END- LICH!

Wenn Poeten sich verlie- ben, tragen sie ihrer Liebsten Verse vor ...

GUTTE ABENT! HÄRR UND VRAU RUS-SELL ...

ALSO: UNSER IDEELLES HOTEL IST AUSGEBUCHT!

IN DER TAT, SIR, ABER SIE HABEN JA RESERVIERT.

NENNEN WIR DEN GAST IN RAUM „X" „GAST X".

Also ist es nur natürlich ...

UM EIN ZIMMER FÜR DEN NEUEN GAST ...

... ZU FINDEN, BRINGEN WIR ALLE GÄSTE NEU UNTER:

... wenn ein verliebter Mathematiker seine eigene Art von Poesie vorträgt!

WIR NEHMEN GAST 1 UND BITTEN IHN VON ZIMMER 1 ...

IN DIESEM HOTEL GIBT ES KEIN „ZIMMER 1", MEIN HERR!

... IN ZIMMER 2, SO WIRD ZIMMER 1 FREI!

... UND GAST 2 BITTEN WIR IN ZIMMER 3, UM PLATZ FÜR GAST 1 ZU SCHAFFEN!

ABER WIR HABEN DOCH LÄNGST EIN ZIM-MER FÜR SIE, SIR!

UND SO WEITER: **GAST 3** IN **ZIMMER 4**, UM PLATZ FÜR **GAST 2** ZU KRIEGEN ...

... UND **GAST 4** IN **ZIMMER 5**, UM PLATZ FÜR –

BERTIE?

ICH HAB **KEINEN** SCHIMMER, WOVON DU REDEST!

HIER LÄNGS, SÜSSE!

DER PUNKT IST, DASS ES IM **UNENDLICHEN** IMMER NOCH EINS MEHR GIBT!

301 302 303 304 305

330 331 332 333

STELL DIR VOR, **JEDER GAST**, VON **ZIMMER 1** AN, RÜCKT EIN **ZIMMER** VOR ... DANN IST **ZIMMER 1** FREI!

KLAR? IN EINEM **ENDLICHEN** HOTEL WÄRE DAS UNMÖGLICH. ABER IN EINEM UN-ENDLICHEN ...

DIE SPINNEN, DIE BRITEN!

Erlauben Sie mir eine generelle Bemerkung zum ziemlich heiklen Thema ...

... Mathematik!

Jeder von Ihnen kennt sie aus seiner Schulzeit. Diejenigen, die sie verabscheuen, betrachten sie als reine Plackerei. Die anderen vielleicht als eine Art Spielerei ...

Und wirklich – sie enthält von beidem etwas.

Aber Mathematik hat noch eine andere Seite ...

... eine Seite, die man nur erspüren kann, wenn man anfängt, über das ...

... Unendliche nachzudenken!

David Hilbert hat mal gesagt, dass keine andere Frage das Gemüt der Menschen so tief bewegt hat. Mag sein. Eins ist jedenfalls sicher ...

... keine andere Idee hat den Verstand so sehr an seine absoluten Grenzen getrieben!

Und kein anderer Begriff hat die dem mathematischen Wissen innewohnende Schwäche ähnlich schonungslos aufgedeckt!

Dieser Grund war es auch, der Gauß dazu brachte, vor dem direkten Umgang mit dem Unendlichen zu warnen.

Und doch, all seinen Warnungen zum Trotz machte ich mich an jenem Morgen ...

... auf den Weg, Georg Cantor zu treffen, den Hohepriester des Unendlichen!

Hier stand ich, ein Brite auf der Suche nach deutscher Weisheit.

Unterwegs traf ich auf jemanden, der die Reise genau andersherum gemacht hatte.

GEORG FRIEDRICH HÄNDEL

HAAALLELUJA! HALLELUJA! HALLELUJA!

Hochgestimmt näherte ich mich meinem Ziel.

Die Universität Halle hatte sich vor einiger Zeit mit der Wittenbergs vereinigt und konnte so von sich behaupten, die Alma Mater von Hamlet und Doctor Faustus zu sein. Sie bot also ...

... beste Voraussetzungen für Ärger!

Können Sie mir den Weg zur Mathematischen Fakultät zeigen, bitte?

Wo ist das Büro des Herrn Professors Cantor, bitte?

Herr Professor Cantor, bitte?

Die Atmosphäre war nicht gerade einladend.

Entschuldigung. Wie komme ich zu Herrn Professor Cantor?

Hier ist die Adresse ...

Ich ging zur angegebenen Adresse, im Glauben, Cantor habe die Universität verlassen ...

... und einen höheren akademischen Rang eingenommen.

Als vor mir dann eine Gruppe düsterer Gebäude auftauchte ...

... ging ich davon aus, sie wären der Sitz einer Institution für neuere Mathematik.

Hier entlang zu Professor Cantor?

Ja, ja - zu allen „Professors".

Wenn meine Vermutung zutraf, ließ das verkommene Innere ...

... nichts Gutes für den Zustand der neueren Mathematik erahnen!

Versuchen Sie sich den Besuch eines jungen Malers bei Michelangelo vorzustellen.

Eines Komponisten bei Beethoven.

So fühlte ich mich, als ich an Cantors Tür klopfte.

ALSO ... ÄH ...

Wahnsinn hatte mir immer schon Angst gemacht. Aber zu sehen, wie er Besitz von einem großen Geist ergriff, war unerträglich.

ICH ... ÄH ... MUSS LEIDER GEHEN ...

DIE VER-SCHWÖRUNG IST AUFGEDECKT!

MELDEN SIE ES DER QUEEN!!! SIE MUSS GEGEN ...

?

... MEINE VERHAF-TUNG PROTESTIEREN!

IST JA GUT, HERR PROFESSOR!

MAN HÄLT MICH GEGEN MEINEN WIL-LEN FEST!

DURCH MICH SPRICHT DER GEIST DES PROPHETEN!!!

„ICH WILL DAS FEUER MEINES GRIMMS ÜBER DICH ENTFACHEN!"

OOOOOHH

In plötzlich aufwallender Erinnerung an das dunkle Leitmotiv aus meiner Kindheit ließ ich das Asyl hinter mir ...

Später traf ich Alys.

BERTIE ...

ERZÄHL SCHON.

WIE WAR DEIN „RIESE"?

SEUFZ

Aber Cantors Raserei ließ mich nicht in Ruhe ...

KLOPF KLOPF

Für Erklärungsversuche war ich zu verwirrt.

!

AUF-MACHEN! SIE WERDEN GESUCHT!

OH ...

RUHIG, LIEBLING ...

DU HAST GETRÄUMT.

HAB ICH?

WAS HAST DU VOR?

DAS DENKMAL IST NOCH DA!

ABER JA DOCH ...

DENKMÄLER SPAZIE-REN NICHT RUM!

CRA AACK

... UND DAS GEWIT-TER AUCH.

Mein Treffen mit Georg Cantor hätte mir zumindest eines klarmachen sollen: Die Reise, auf die ich mich begeben hatte, barg eine Menge Gefahren ...

... Gefahren, die man wohl als „spirituell" bezeichnen muss.

Mhmm.

Logik und Wahnsinn ... seltsame Bettkumpane.

... aber keine seltenen.

Doch lassen Sie mich mit angenehmeren Dingen fortfahren!

Man schrieb das Jahr 1900. Eine Zeit des Wandels, eine Zeit des Aufbruchs. Und nirgendwo war dieser Optimismus spürbarer ...

... als an unserem nächsten Ziel, dem Austragungsort der Weltausstellung!

Paris!

Hier kamen die Visionen einer neuen, hoffnungsvollen Menschheit zusammen.

Die abstrakte, karge Einfachheit des Eiffelturms war ein perfektes Symbol ihrer besten Seiten.

Wissenschaft und Technologie waren die neuen Werkzeuge, um einen alten Traum zu realisieren ...

VISITEZ LE **CINÉMATOGRAPHE**!!!

OH, DAS WILL ICH SEHEN!

... den Traum vom totalen Triumph über die Natur.

Die Ausstellungsbesucher waren wie Kinder, hin und weg von den Spielzeugen einer auftrumpfenden, neuen Welt ...

SCHAU, BERTIE, TOTAL **ECHT**!

MIRACOLO!!!

... unberechenbaren Spielzeugen zum Teil!

MAMMA MIA!!!

MON DIEU!!!

HIIILFE, BERTIEEEE!!!

AAAAAAA!!!!

Aber wir waren nicht wegen der Weltausstellung hier.

Das galt zumindest für mich!

LASS UNS NOCH MAL DIE „**ROLLTREPPE**" HOCHGEHEN!

HIMMEL!

DAS IST **MITTAG-LEFFLER**, DER GROSSE ANALYTIKER!

VERSTEHE ...

$$\frac{\partial^n F_{(y)}}{\partial x_i{}^n} = \frac{1}{k!} \sum_{i=0}^{\infty} \int F^n{}_{(x_i)} dx_i$$

Was mich hierher gebracht hatte, war ...

... der internationale Kongress, das weltgrößte Zusammentreffen von Mathematikern.

RUSSELL!

ACH NEE ... WHITEHEAD!

Jeder, der in der Mathematik eine Rolle spielte, war da!

MONSIEUR LE PROFESSEUR **HERMITE** ... HERR PROFESSOR **MINKOWSKI** ...

SEHR ERFREUT!

HERR PROFESSOR FELIX **KLEIN** ...

UND LAST BUT NOT LEAST HERR PROFESSOR **DEDEKIND** ...

... WELCH EINE EHRE!

... All meine neuen Helden unter einem Dach!

DAS IST **ABSOLUT IRRE!** JEDER **EINZELNE** DIESER LEUTE IST EINE **MATHEMATIK-LEGENDE!**

KOMMT, SIE WARTET SICHER SCHON VORM KOLONIAL-PAVILLON.

KLEIN HAT EINE NEUE GEOMETRIE ERFUNDEN, **DEDEKIND** EIN ...

DARF ICH EUCH VORSTEL-LEN ...

FRAU EVELYN WHITEHEAD, MEINE FRAU!

WIE GEHT'S IHNEN, MR RUSSELL?

ÄH ... ICH ...

Zugege-ben ...

... nicht alle meine Treffen in Paris galten Mathematikern!

Aber die neuen Ideen begeisterten mich viel zu sehr, um mich ernsthaft neuen Gefühlen hinzugeben.

Und an neuen Ideen herrschte kein Mangel: neue Theorien, neue Techniken, neue Methoden. Es gab sogar ...

... eine Reihe ganz neuer Gebiete!

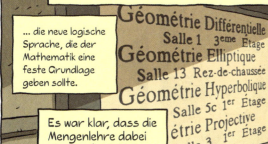

Mein eigentliches Interesse ging jedoch bloß in eine Richtung ...

... die neue logische Sprache, die der Mathematik eine feste Grundlage geben sollte.

Es war klar, dass die Mengenlehre dabei eine zentrale Rolle spielen würde.

Géométrie Différentielle
Salle 1   3ème Étage
Géométrie Elliptique
Salle 13 Rez-de-chaussée
Géométrie Hyperbolique
Salle 5c 1er Étage
...étrie Projective
Salle 3   1er Étage

Gazette

CONGRÈS INTERNATIONAL DES MATHEMATICIENS

... über deren Stellenwert die zwei Topstars des Kongresses komplett entgegengesetzter Meinung waren!

L'AFFAIRE CANTOR

J'accuse Monsieur Cantor! Die Mengenlehre ist eine Krankheit, von der es die Mathematik zu heilen gilt!

Niemand darf uns aus dem Paradies vertreiben, das Herr Cantor für uns geschaffen hat!

POINCARÉ

HILBERT

Henri Poincaré, das französische Genie, ein absoluter Vertreter der Wichtigkeit menschlicher Intuition.

David Hilbert, genauso bedeutend, der deutsche Apostel der strengen Exaktheit logischer Beweisführung.

Aber was genau waren „Mengen"? Was verbarg sich hinter dieser neuen Mode, dieser Mathematik ...

... à la Cantor?

Seit der Zeit der alten Griechen richteten Mathematiker ihren Blick auf einzelne Objekte wie ...

... eine Figur.

39

... eine Zahl.

$f(x)$

... eine Funktion.

Mitte des 19. Jahrhunderts jedoch begann ein tschechischer Mathematiker, seinen Blick auf Gruppen von Objekten mit zumindest einem gleichen Merkmal zu werfen. Zum Beispiel ...

... „alle Zahlen größer als 7", „alle rechten Winkel", „alle trigonometrischen Funktionen".

Ausgehend von dieser simplen Wahrnehmung ...

... entwickelte Georg Cantor das großartige, wunderbare Gebäude der Mengenlehre!

Der tschechische Ahn der Mengen hieß Bernhard Bolzano.

Und denjenigen unter Ihnen, die Spaß an solchen Dingen haben, sei gesagt, dass dieser Mann, der den Anstoß zu einer der größten mathematischen Blasphemien gegeben hat ...

... zu allem Überfluss katholischer Priester war.

Die Früchte seines Tuns bargen weiß Gott Zwietracht!

ICH **LIEBE** DAS! ENDLICH SETZEN SICH **MATHEMATIKER** ERNST-HAFT UND **KONTROVERS** MIT EINER THEORIE AUSEI-NANDER!

... UND GEBEN UNS **LOGIKERN** RAUM FÜR UNSERE ANSICHTEN!

Während des Kongresses wurde jedes Restaurant, jedes Café zum Hort dieser neuen Ideen.

OB DIE GÄSTE WOHL IN „PRO"- UND „KONTRA-MENGEN" PLAT-ZIERT WERDEN!

S'IL VOUS PLAÎT, MESSIEURS!

Was die Mengenlehre so kontrovers machte, war natürlich ihre zentrale Rolle bei der Suche nach gesicherten Grundlagen.

... POINCARÉ ZUFOLGE ...

PSCHT, SONST HÖRT ER DICH NOCH ... DA SITZT ER!

M'SIEUR LE PROFESSEUR, **HILBERTS** PROBLEM IST EIN **ZUVIEL** AN DEUTSCHER **TÜCHTIGKEIT!**

HAA HA HA! HA HA!

HA HA

HAA HA HA!

NON! ES IST DER UMSTAND, DASS DER 'ERR PROFESSOR WÜRSTSCHEN SSU SEHR MAG!

WIESO DAS?

ER WILL EINE MASCHINE, DIE THEOREME AUSSPUCKT, WENN MAN SIE MIT AXIOMEN FÜTTERT, SO WIE DIE, WO MAN VORN EIN SCHWEIN ...

...'INEINSTOPFT, UND 'INTEN KOMMEN DIE WÜRSTSCHEN RAUS!!!

HAAA HA
HA HAHAA
HA HA
HA HAHA

!

VERZEIHUNG, MEINE HERREN!

HAHA! „HINTEN KOMMEN DIE WÜRSTCHEN RAUS"!

?

HERRN PROFESSOR HILBERTS IDEEN, DIE SIE HIER IN DEN DRECK ZIEHEN, SIND DIE MATHEMATIK DER ZUKUNFT!

OH, ISCH GLAUBE, MEIN FREUND 'ILBERT KANN MIT METAPHERN GANZ GUT UMGEHN.

AUF HERRN HILBERT UND „DIE MATHEMATIK DER ZUKUNFT"!

OUI, UND AUF IHRE WUNDERBAREN WÜRSTCHEN!

GNN

HA
HA
HA
HA
HAAHAA
HAHAA
HA

LASS ES UNS DEN BOCHES MAL RICHTIG ZEIGEN!

!

AUF DIE EHRE!

MAIS C'EST COMPLÈTEMENT RIDICULE!

MEINE HERREN! BIT- TE NICHT!

OH MANN!

Wer behauptet, Mathematiker seien kalt wie Fische, hat diesen Kongress nicht miterlebt!

Aber lassen sie mich Ihnen einen Eindruck vom intel- lektuellen Klima vermitteln, das uns um 1900 umgab ...

Ich zeichne Punkt „A" auf die Tafel und ziehe dann eine Gerade, die ihn nicht berührt ...

... diese zum Beispiel.

Jetzt frage ich Sie ...

Ja, Sie, Sir!

Wie viele Parallelen zu dieser Geraden führen durch „A"?

Eine offensichtlich!

In der Tat!

Auch Euklid hätte dieses Wort benutzt, ebenso wie alle Mathematiker das für mehr als zwei Jahrtau- sende getan haben!

Aber jetzt war dieses Wort „offensichtlich" auf einmal verdächtig geworden!

Das Aufkommen der neuen, nicht euklidischen Geometrien erschütterte den Begriff von Axiomen wie „offensichtliche Wahrheit". Ja, es führte sogar den Begriff des „Offensichtlichen" selbst ad absurdum!

WER VON UNS WÜRDE NICHT GERN DEN SCHLEIER LÜFTEN UND IN DIE ZUKUNFT SCHAUEN, UM EINEN BLICK AUF DIE NEUEN **TATSACHEN** UND **METHODEN** ZU WERFEN, DIE SIE ANS LICHT BRINGEN WIRD?

Dieser Geist kam nirgends besser zum Ausdruck als in Hilberts mit Spannung erwartetem Vortrag über „die Probleme der Mathematik".

Sein erklärtes Ziel war es, so etwas wie einen programmatischen Ausblick auf die Zukunft zu liefern, und zwar mittels der Präsentation von dreiundzwanzig ungelösten Problemen.

INTUITION HAT IN UNSEREN BEWEISEN NICHTS MEHR ZU SUCHEN!

DIE NEUE MATHEMATIK WIRD NICHTS MEHR ALS „INTUITIV GEGEBEN" ZULASSEN! ES GIBT KEINE WAHRHEIT, WENN SIE NICHT DIE FEUERPROBE **STRENGER BEWEISFÜHRUNG** BESTEHT!

Gleichwohl trat er mit seiner Rede vor allem für eine neue Denkweise ein, die mit einer ganzen Reihe von Vorurteilen aufräumte.

WAS DIE AXIOME EINER THEORIE BETRIFFT ...

... SO SIND SIE **AUSGANGSPUNKT** DES LOGISCHEN PROZESSES. WIR MÜSSEN UNS ABER VON DEM SELBSTVERSTÄNDNIS VERABSCHIEDEN, SIE HÄTTEN ...

...EINEN „NATÜRLICHEN" WAHRHEITSWERT. MEHR ALS IHRE **LOGISCHE HALTBARKEIT** KÖNNEN WIR VON IHNEN NICHT VERLANGEN!

UNSERE PLAGEGEISTER SIND WIDERSPRUCH UND PARADOX! DAMIT DIE MATHEMATIK ALSO AUCH HINFORT ALS KÖNIGIN DER WISSENSCHAFTEN REGIEREN KANN, MÜSSEN WIR SIE VON ALLEM ...

... BEFREIEN, WAS NICHT REIN UND STRIKT LOGISCH IST!

DEN MATHEMATISCHEN BEWEIS MÜSSEN WIR AUF EINEN PROZESS ...

... REDUZIEREN, DER SO GENAU IST, DASS ER VON EINER MASCHINE ...

... AUSGEFÜHRT WERDEN KANN, DIE MIT DEN ENTSPRECHENDEN REGELN AUSGESTATTET IST!

ICH WETTE, POINCARÉ DENKT JETZT AN DIE WÜRSTCHEN.

Einige von „Hilberts Problemen" von 1900 beschäftigen die Mathematiker noch heute. Eines von ihnen wurde überdies zum Gegenstand meiner eigenen Träume.

DIE ZAHL IST DAS MARK EINES JEDEN ZWEIGES DER MATHEMATIK. DEMGEMÄSS IST DIE ARITHMETIK DER FELS, AUF DEN SICH ALLE UNSERE WAHRHEITEN GRÜNDEN MÜSSEN!

UM MATHEMATIK ÜBER JEDEN ZWEIFEL ERHABEN ZU MACHEN, MÜSSEN WIR ERST MAL DIE ARITHMETIK AUF VÖLLIG SICHEREN GRUND BAUEN.

Endlich ein großes und lohnendes Ziel!

UNSERE TIEFE ÜBERZEUGUNG, DASS ALL DIESE GROSSEN PROBLEME LÖSBAR SIND ...

... BASIERT AUF DEM PRINZIP, DASS DIE WELT MITTELS DES VERSTANDES UMFASSEND ZU BEGREIFEN IST ...

... DASS EINE FRAGE, SO SIE DENN KLAR GESTELLT WIRD, AUCH LOGISCH BEANTWORTET WERDEN KANN!

IN DIESEM GEISTE SEHEN WIR EINEM JAHRHUNDERT DES FORTSCHRITTS, DER WISSENSCHAFTEN UND DER HOFFNUNG ENTGEGEN! UNSERE INNERE STIMME SAGT UNS: „DA IST DAS PROBLEM, SUCHE DIE LÖSUNG, DENN DU KANNST SIE FINDEN!

IN UNSERER WISSENSCHAFT GIBT ES KEIN ‚IGNORABIMUS'."*

Wie Wordsworth über eine frühere Revolution in Frankreich meinte ...

„Gesegnet jeder, der diesen Anbruch einer neuen Zeit erlebte. Aber jung zu sein bedeutete den Himmel auf Erden!"

* LATEINISCH: „WIR WERDEN ES NICHT WISSEN."

Ich überquerte den Ärmelkanal mit klar gesteckten Zielen für die Zukunft. Aber eigentlich hatte ich mich im Kreis bewegt und befand mich wieder da, wo mein intellektueller Hader einst begonnen hatte.

Nun endlich musste ich meine Enttäuschung über Euklids „eindeutige" Axiome frontal angehen.

EINEN GROSCHEN FÜR IHRE GEDANKEN? ...

?

OH ... SO VIEL SIND SIE, GLAUB ICH, NICHT WERT ... NOCH NICHT!

NUR ZU ...

ÄHM ... WELL, MAL SEHEN ... **FREGE** UND DER ITALIENER **PEANO** ...

... HECKTEN EINE THEORIE ÜBER **ZAHLEN** AUS ... ÄH ... WIE SOLL ICH SAGEN ...

GIBT'S EINE KREIDETAFEL AN BORD?

HA HA.

HEE!

4. PARADOXA

Nach meiner Rückkehr aus Paris machte ich mich mit großem Optimismus daran, das Buch zu schreiben, das alle grundlegenden Probleme lösen sollte - und einige wenige löste!

Es handelte sich um „The Principles of Mathematics", meinen ersten Versuch, ein neuer, noch bedeutenderer Euklid zu werden!

Ich stützte mich dabei auf das, was Frege im 1. Band seiner „Grundlagen der Arithmetik" entwickelt hatte.

Gleichzeitig wandte ich die elegantere Notation Peanos an.

Ich war davon überzeugt, auf dem richtigen Weg zu sein.

BERTIE?

Um mein Ziel zu erreichen, bedurfte es nur harter Arbeit.

KANN ICH DIR IRGENDWIE HELFEN?

JA, INDEM DU MICH NICHT DAUERND UNTERBRICHST!

GUTE NACHT.

Die Schätze der Logik forderten ihren Preis.

Je intensiver ich in meiner Arbeit aufging ...

... desto mehr beschränkte sich meine Welt auf die Themen der „Principles".

EXTRABLATT!!!!

BUREN AUF DEM RÜCKZUG!

Die Dinge dieser Welt - große wie kleine - berührten mich immer weniger.

BUREN VERNICHTEND GESCHLAGEN! LESEN SIE DIE GANZE WAHRHEIT!

Ich bekam nicht mal mehr die Kriege mit.

Weltliche Dinge interessierten mich nicht mehr.

DER PROFESSOR IST IM COLLEGE, SIR.

ICH VERSUCH'S SPÄTER NOCH MAL.

Obwohl ich *einige* weltliche Dinge interessanter fand als andere!

!

BERTIE!

ICH HOFFE, ICH STÖRE NICHT ...

ABER NEIN! WIE GEHT'S ALYS?

GANZ GUT, GLAUBE ICH ...

SETZ DICH DOCH! BIST DU MIT ALFRED VERABREDET?

NUN, JA ...

UND NEIN.

WAHRSCHEINLICH HAT ER'S VERGESSEN ...

IST SCHON GUT ...

ER IST MANCHMAL SO ABWESEND ...

UND VIEL ZU ALT FÜR DICH, MEINE LIEBE!

OFT SPRICHT ER TAGELANG KEIN WORT, UND DANN BRÜLLT ER MICH AN, WEGEN NICHTS ...

OJE!

ER MEINT, DAS LÄGE AN SEINER BESCHÄFTIGUNG MIT DER **LOGIK**.

ABER ICH WEISS NICHT ...

BIST DU **GENAUSO**?

ICH WÜRDE **DICH** ZUMINDEST NICHT ANBRÜLLEN, EGAL WARUM!

NIEMALS ...

MEIN LEBEN VERLÄUFT SO *SELTSAM*, BERTIE!

ABER, ES WIRD DOCH ...

... AUCH *SCHÖNE MOMENTE* GEBEN, ODER?

Zu jener Zeit lernte ich die Familie Whitehead näher kennen.

KÄ-PFERD.

?

KÄ-PFERD!

EIN WAS-PFERD, ALTER JUNGE?

ACH SO, KÄ-FER!

KÄ-PFER

Von da an war der kleine Eric Whitehead für mich stets der „Käfer".

Ich liebte ihn von Herzen.

Doch ...

... zurück zu meinem Verhältnis zur Logik! Auf weitere Abschweifungen werde ich, soweit mein Leben es zulässt, verzichten.

MENGEN, SAGEN SIE? ICH DACHTE, IHR INTERESSE GELTE DEN **ZAHLEN**!

Bei meiner Forschung griff ich oft auf die einfache Idee des Priesters Bolzano zurück ...

MENGEN BEFINDEN SICH AN DER *WURZEL* DER **ZAHL**!

ACH?

WAS IST „**3**" ANDERES ALS DIE **MENGE** ALLER MENGEN AUS DREI ELEMENTEN?

„**DREI-HEIT**" IST DIE **GEMEINSAME EIGENSCHAFT** VON *DREI* SCHIRMEN, *DREI* PFERDEN ...

... *DREI* HÜTEN ...

DREI KEKSEN.

MENGEN HABEN HÖCHST INTERESSANTE EIGENSCHAFTEN!

TATSACHE? UND ICH FAND SIE IMMER *LANGWEILIG!*

163

Ich habe in meinem Leben bislang Dutzende von Büchern geschrieben, Hunderte von Artikeln, und ich habe Tausende von Vorlesungen gehalten.

Aber ich vermute, dass man sich an meinen Namen - wenn überhaupt - nur erinnern wird ...

... weil ich in einem bestimmten Moment auf ein vertracktes Paradox gestoßen bin.

Ein Paradox, welches die Logik auf den Kopf stellte ...

Ich will Ihnen das kurz erläutern:

KIKERIIKIII

Stellen Sie sich eine Stadt mit einer strengen „Rasiervorschrift" vor.

Ihr zufolge hat jeder erwachsene Mann täglich frisch rasiert zu sein.

Er muss das nicht unbedingt selbst erledigen.

Wer will, kann auch zum Barbier gehen.

Die Vorschrift lautet: „Wer sich nicht selbst den Bart schneidet, wird vom Barbier rasiert."

„Der Barbier rasiert also genau die Männer, die sich nicht selbst rasieren." Klingt absolut harmlos ... nimmt man's allerdings wörtlich, führt es uns geradewegs in ein Paradox!

Denn, sehen Sie, es stellt sich die Frage:

„Wer rasiert den Barbier?"

?

Selbst rasieren kann er sich natürlich nicht, denn ...

... da er der Barbier ist, hieße das ja, er würde von dem rasiert, der bloß denen ...

\#

... den Bart kappt, die sich *nicht* selbst rasieren!

Aber zum „Barbier gehen" kann er auch nicht, denn dann würde er sich ja selbst rasieren, und dazu ist der Barbier nicht da!

SIEHST DU DAS PROBLEM?

WEISS NICHT ...

ES IST FAST SO WIE DAS PARADOX VOM LÜGNER!

WEL- SCHEM LÜGNÄR?

NA, DER KLASSISCHE SPRUCH DES **EUBULIDES**!

DES WAS?

DES MANNES, DER SAGTE ...

„LIEBE MITBÜRGER, JETZT GERADE **BELÜGE** ICH EUCH!"

!

WENN DAS **STIMMT** UND ER WIRKLICH LÜGT, SAGT ER DE FACTO DIE **WAHRHEIT**! WENN ER JEDOCH **DIE WAHRHEIT SAGT** ...

... LÜGT ER!

?

WENN SICH ETWAS AUF SICH SELBST BEZIEHT, IST DAS PARADOX NICHT WEIT. **SELBSTREFERENZIELLE** BÜCHER, ZUM BEISPIEL ...

REFERENZBÜCHER?

NICHT DOCH! BÜCHER, DIE BEZUG AUF SICH SELBST NEHMEN, SO WIE **STERNES** „TRISTRAM SHANDY", CALVINOS „WENN EIN REISENDER IN EINER WINTERNACHT" ...

... ODER KURT VONNEGUTS „FRÜHSTÜCK FÜR HELDEN".*

* LOGICOMIX IST NATÜRLICH AUCH SELBSTREFERENZIELL.

„Enthält die Menge aller Mengen, die sich nicht enthalten, sich selbst?" Die Antwort darauf lautet ...

... „Tut sie es, tut sie's nicht. Und wenn sie's nicht tut, tut sie es!"

Voilà, „Das Russell'sche Paradox"!

Klingt zwar wie ein Kneipenwitz, hebelt aber den Begriff „Menge" als eine durch gemeinsame Eigenschaften definierte Gruppe aus ...

... und damit auch die Logik!

Die Veröffentlichung meiner Antinomie machte mich in Mathematikerkreisen über Nacht und weltweit zu einer Berühmtheit.

Einige reagierten erfreut ...

... so wie Poincaré, der in dem Paradox ein starkes Argument gegen jeden Versuch sah, die Mathematik auf ein rein logisches Fundament stellen zu wollen.

Sein oft zitiertes Credo, „Logik ist unfruchtbar", erhielt eine perfekte Rechtfertigung ...

NUN, NICHT **GANZ** UNFRUCHTBAR: SIE ERZEUGT **WIDERSPRÜCHE!**

HA, HA! DIESER **RUS-SELL** SCHLÄGT ZWEI FLIEGEN MIT EINER KLAPPE: **LO-GIK** UND **MENGEN-LEHRE** SIND BEIDE **ERLEDIGT!**

Erstaunlicherweise reagierte auch Cantor hocherfreut.

„... NEHMEN WIR ALSO DIE EIGENSCHAFT ‚S GEHÖRT ZU S' UND BETRACHTEN IHRE NEGATI-ON ALS DEFINITION DER MENGE ..."

„... VON MENGEN, DIE SICH SELBST NICHT ..."

DEM ALLMÄCHTIGEN SEI DANK!!!

ENDLICH **FREI**!!! VERSTEHEN SIE DENN NICHT??? DER **ENG-LÄNDER** HAT BEWIESEN, DASS ES DIE „MENGE ALLER MENGEN" NICHT GEBEN KANN!

!

MEIN **MONSTRUM, DAS GOTT** VOM **THRON STOSSEN** WOLLTE, IST **TOT**!!!

Vorausgesetzt, man räumt dem Irrationalen genügend Raum ein, eignet sich selbst Logik zum religiösen Diskurs.

ER-LÖST...

Die „Pro-Mengen-Menge" jedoch war konsterniert und verwirrt. Unter den Logikern herrschte Verzweiflung.

Giuseppe Pea-no in Turin ...

?

NON È POSSIBILE!

NON È POSSIBILE!

NON È POSSIBILE!

David Hilbert in Göttingen ...

IRGEND-EINEN AUS-WEG **MUSS** ES DOCH GEBEN, HERR PROFES-SOR ...

JA, JA. MUSS ES WOHL.

VER-DAMMTER BRITISCHER PARVENÜ!

Und natürlich ...

Gottlob Frege in Jena.

Er las meine Antinomie just an dem Tag, an dem er sein Okay zum Druck von Band 2 seiner ...

... „Grundlagen der Arithmetik" geben wollte.

In Sekundenschnelle erfasste er die Bedeutung meiner Entdeckung.

Auch Frege hatte sein Gebäude auf dem Boden von Bolzanos einfachem Mengenbegriff errichtet.

Und nun wusste er, dass dieser Boden brüchig war - er hatte nachgegeben.

Die „Mengen", die er in die Logik eingeführt hatte, erwiesen sich als todbringend. Mit anderen Worten: Den „Grundlagen der Arithmetik" fehlte ... die Grundlage.

KOMM NICHT ZU SPÄT ZUM ESSEN, GOTTLOB!

W-WAS? ... DIE DRUCKPLATTEN ZERSTÖREN?

AUF DER STELLE!

VERSTEHN SIE NICHT? ALLES FALSCH!

EINE SCHANDE! FAULER ZAUBER!

ALTSTADT DRUCKEREI

HERR PROFESSOR, WIR HABEN JAHRELANG DAFÜR GESCHUFTET! WENN IHRE EIGENE ARBEIT ES IHNEN NICHT WERT IST, DANN DENKEN SIE WENIGSTENS AN MEINE!

ALTSTADT DRUCKEREI

ICH BESCHWÖRE SIE! TUN SIE'S NICHT!

Letztendlich hat er Band 2 der „Grundlagen" doch noch veröffentlicht. Aber mit einem Nachtrag.

ADDENDUM

Einem wissenschaftlichen Schriftsteller kann kaum etwas Unerwünschteres begegnen, als dass ihm nach Vollendung einer Arbeit eine der Grundlagen seines Baues erschüttert wird. In diese Lage wurde ich durch einen Brief des Herrn Bertrand Russell versetzt, als der Druck dieses Bandes sich seinem Ende näherte.

Der Einsturz eines meiner Gesetze, zu dem Mr Russells Paradox führt, scheint nicht bloß die Grundlagen meiner Arithmetik zu untergraben, sondern die der gesamten Arithmetik als solcher.

Ich kenne keinen Akt intellektueller Aufrichtigkeit, der sich mit Gottlob Freges Reaktion auf mein Paradox vergleichen ließe.

Ist eine größere intellektuelle Courage denkbar als diese ...

... die Wahrheit über alles zu stellen?

Und wie, könnten Sie jetzt fragen, habe ich mich selbst gefühlt, damals?

Hm ...

Nun, in etwa so, wie ein katholischer Journalist sich fühlen würde ...

... hätte er die unsauberen Geschäfte eines üblen Papstes aufgedeckt!

GNADE, BERTIE!

NEIIIN!!!

KLASSE, BERTIE!!!!

Die Freude über den Beifall für meine Entdeckung wurde überschattet von meinem Wissen um ihre Folgen ...

ALYS, DEIN MANN HAT MICH VERNICHTET!

DAS IST DOCH GAR NICHTS IM VERGLEICH ZU DEM, WAS ER DER LOGIK ANGETAN HAT!

OJE.

... Folgen, die man mich nicht vergessen ließ!

173

... DU HAST IRGENDEINE BRILLANTE IDEE, WIE ES SICH ZURÜCK-GEWINNEN LIESSE!

NUN ...

... „ZURÜCKGEWINNEN"? KEINE AHNUNG. ABER MAN KÖNNTE DAS PARADOX VIELLEICHT ÜBERLISTEN!

ACH?

NIMM DAS „WER RASIERT DEN BARBIER?"-PROBLEM.

STELL DIR VOR, DIE STADT DES BARBIERS IST TEIL ...

... EINER GESELLSCHAFT MIT KASTENSYSTEM.

NENNEN WIR DIE KASTEN 1, 2, 3, 4, WOBEI KASTE 4 HÖHER IST ALS 3, 3 HÖHER ALS 2 UND 2 ALS 1.

NEHMEN WIR AN, EINE LOKALE GOTTHEIT BESTIMMT:

JEDER MANN DARF NUR VON EINEM MITGLIED EINER NIEDEREN KASTE RASIERT WERDEN!

EINE „4" KANN ALSO VON EINER „3", „2" UND „1" RASIERT WERDEN ...

... EINE „3" VON EINER „2" UND EINER „1" ETC.

174

INDEM MAN DAS RASIEREN INNERHALB EINER KASTE VERBIETET, ERLEDIGT SICH AUCH DAS SELBST-RASIEREN!

HM.

IN „MENGEN-SPRACHE" AUSGEDRÜCKT: JEDE MENGE EINES TYPS KANN NUR MENGEN UNTERGEORDNETEN TYPS ENTHALTEN! KEINE SELBST-BEZÜGLICHKEIT ...

... KEIN PARADOX!

INTERESSANT! ABER: WIE VIEL VON DER MEN-GENLEHRE ...

... SCHMEISST DU ZUGLEICH MIT DEM PA-RADOX ÜBER BORD?

AUSSER-DEM WIRD'S FÜR DIE „1"-EN IN DEINER STADT ...

... SCHON BALD SEHR HAARIG!

ABER DAS IST ES JA GERA-DE: BESTIMMTE MENGEN KÖNNEN ANDERE NICHT ENTHALTEN!

HM ... NUN ... DEINEN „TYPEN" SOLLTE MAN NACH-GEHEN. WIE AUCH IMMER ...

... MEHR BLEIBT UNS IM AUGENBLICK EH NICHT!

ICH WEISS NICHT...

... ICH WACH JEDEN MORGEN SO OPTIMISTISCH AUF, ABER AM ENDE DES TAGES KÖNNTE ICH VERZWEIFELN.

ALLEIN DER UMFANG DES PROBLEMS LÄSST MICH VERZAGEN.

RUSSELL?

UND WENN WIR UNS **ZUSAMMEN-TUN**?

!

DU MEINST ... DEN ZWEITEN BAND DEINER „ALLGEMEINEN ALGEBRA" GEMEINSAM SCHREIBEN?

NEIN! EIN VÖL-LIG NEUES BUCH!

Die Logik komplett neu aufzubauen beschließt man nicht einfach so ...

... trotzdem fassten Whitehead und ich den Entschluss innerhalb weniger Minuten!

Schon kurz darauf stießen wir auf unser Projekt an.

AUF DIE „PRINCIPIA MATHEMATICA"!!!

HIPP, HIPP, HURRÁAAÁ!!!

Zunächst widmeten wir uns dem Entwurf des Werks ...

... indem wir damit begannen, meine neue „Typen-theorie" zu verbessern ...

Wir hofften, unseren neuen Tempel der Logik in zwei Jahren vollenden zu können.

Indes: Das Jahr 1903 ver-strich ...

1904 eben-so ...

Das Frühjahr 1905 kam und ging, und ein Ende unserer Arbeit war nicht abzusehen ...

HEE, WHITEHEAD ... MACH AUF!

ACH, DU BIST'S ... IST ALLES IN ORDNUNG?

JA, SCHON, DAFÜR, DASS ...

... ICH EINE NACHT DAMIT ZUGEBRACHT HABE, KAPITEL DREI NEU ZU SCHREIBEN!

!

DIE TYPENTHEORIE TAUGT NICHTS!

ABER UNSERE KOMPLETTE BEWEISFÜHRUNG BAUT DARAUF AUF!

NA UND? WENN DIE VORAUSSETZUNG SCHWÄCHELT, TUT'S AUCH DER REST!

... LASS UNS AUFHÖREN!

OH, RUSSELL ...

WIR HABEN **ZWEI JAHRE** AN „EINFACHEN" TYPEN GEARBEITET ...

... BLOSS UM SIE DEN „**VERZWEIGTEN**" ZU OPFERN.

DIE GABEN JA AUCH ANLASS ZU HOFFNUNG, ZUNÄCHST, ABER ...

BERTIE ... WELCH SCHÖNE ÜBERRASCHUNG!

„ÜBERRA-SCHUNG"? NA JA ... DAS IST NUN SCHON DER N-TE VORFRÜH-STÜCKSBESUCH IN DIESEM MONAT ...

... MIT N DEFINITIV GRÖSSER ALS 3!

HALLO, BERTIE!

HALLO, KÄFER!

LASS MICH RATEN ... NUN OPFERST DU AUCH DIE „VERZWEIGTEN TYPEN", JA?

DEIN ERSTER EINDRUCK WAR RICHTIG: „TYPEN" SIND ARTIFIZIELL – NICHT ALLGEMEIN GENUG!

BITTE, BERTIE! BLAS RINGE!

IN DER TAT, DAS IST EIN PROBLEM!

DIE „PRINCIPIA" SIND FÜR ERIC GE-DACHT ...

?

IHRE SCHLUSSFOL-GERUNGEN SOLLTEN SO EINFACH SEIN, DASS JEDES KIND SIE VERSTEHT!

SO EINFACH WIE ...

„1 + 1 = 2"!

Ich spürte, dass eine Theorie an Wert gewann, je einfacher sie war. Dass man dies „Ockhams Skalpell" nannte, erfuhr ich erst später.

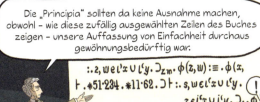

Die „Principia" sollten da keine Ausnahme machen, obwohl – wie diese zufällig ausgewählten Zeilen des Buches zeigen – unsere Auffassung von Einfachheit durchaus gewöhnungsbedürftig war.

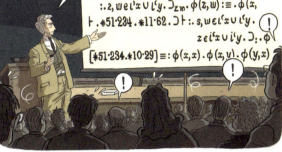

Whitehead und ich verbrachten den Sommer damit, ein weiteres Mal unsere Prämissen zu prüfen.

... STEHT DAS PRÄDIKAT „P" ALSO FÜR ...

Und als es Herbst wurde, hatten wir den Kurs von Neuem geändert.

... REDUZIERT SICH AUF ...

Unser neuer Trick war so alt wie Euklid: eine neue Menge von Axiomen!

Wieder mal fingen wir ganz von vorne an.

Um mehr Zeit für die Arbeit zu haben, zogen meine Frau und ich zu den Whiteheads.

Wir empfanden den Wechsel als sehr angenehm – zumindest die Hälfte von uns!

Unsere Probleme wurden durch das Wohnen unter einem Dach jedoch nicht geringer ...

Die endlosen Stunden am Schreibtisch führten zu einer klareren Sprache ...

Aber das Grundproblem des Projektes bestand nach wie vor:

SO GEHT'S NICHT WEITER, RUSSELL!

Je tiefer wir in unsere Fragestellung vordrangen ...

... desto mehr zweifelte ich an ihren Prämissen.

KAPIERST DU'S DENN NICHT? OHNE GESICHERTE GRUNDLAGEN KÖNNEN WIR DAS GANZE VERGESSEN!

IST SCHON KLAR, TROTZDEM FRAGE ICH MICH ...

„FRAGST DICH"?

BEI UNSERER ARBEIT GEHT'S NICHT UM FRAGEN, MANN ...

... SONDERN UM ANTWORTEN!

OH, MEIN GOTT...

ALS WIR ANFINGEN, KONNTE ERIC KAUM BIS DREI ZÄHLEN ... UND JETZT MULTIPLIZIERT ER DREISTELLIGE ZAHLEN!

HÖRT DIESES GEWITTER DENN NIE AUF?!

Der Druck, weiterzumachen, und das bei ständigem Zweifel, war zu groß ...

SPEI, FEUER! FLUTE, REGEN!!! FREGE HATTE RECHT, NUR WIR „ZENTAUREN" SIND STARK GENUG FÜR DIESE AUFGABE! WIE KONNTE ICH BLOSS EINEM REINEN MATHEMATIKER TRAUEN!!!

WAS IST BLOSS MIT DIR LOS!! BIS JETZT HAST DU DOCH NIE ETWAS AUF WHITE-HEAD KOMMEN LASSEN!

DIES IST KEIN X-BELIEBIGES BUCH, WANN KAPIERT ER DAS ENDLICH?

UNAUSSTEHLICHER ALTER MANN!

ALFRED? „ALT"?

FÜR MICH IST ER'S!

ICH HÄTTE MICH NIE DARAUF EINLASSEN DÜRFEN, MIT DIESEM ALTEN BOCK ZU ARBEITEN!

BERTIE ...

ER IST DOCH WEICH IN DER BIRNE!

BIST DU SICHER, DEIN PROBLEM IST... ALFRED?

WER SONST?

MERKST DU'S DENN NICHT? ES IST DIESE FRAU! SIE IST AN AL-LEM SCHULD!

!

SCHLUCHZ ... SIE IST ES ... DIESE EVELYN!

DIESE FRAU HAT DICH **VERHEXT**! SIE SPIELT DIE **HEILIGE** ... ABER IN WIRKLICHKEIT IST SIE EINE **TEUFELIN**!

ACH, WIRKLICH? DANN HAT SIE DICH IN EINE ...

... VÖLLIGE IDIOTIN VERWAN-DELT!!!

OOOHHH

ICH HAB DIE **NASE** VOLL VON DIR!

BITTE ... ICH **BRAUCH** DICH DOCH!

UNSINN! EINEN **DOKTOR** BRAUCHST DU!

DU **BIEST**!!! MONSTER!!!!

?

Nun ... ich kann nicht behaupten, besonders stolz auf mein damaliges Verhalten zu sein. Aber die „Principia" forderten auch nervlich ihren Tribut.

Belastender noch als die Probleme des Buches war sein ehrgeiziges Ziel! Tief in meiner Seele wusste ich: Es war ein Job für ... na ja ... Riesen!

Aber das Schicksal hatte ihn nun mal zwei Sterblichen aufgeladen: Alfred Whitehead und ...

... Bertie Russell!

In Wahrheit waren wir das Gegenteil von Riesen: Zwerge im Geiste! Und das durchaus im wörtlichen Sinne. Beim Philosophieren hilft es nämlich oft ...

... sich zunächst dumm zu stellen!

Nur dieser Art „Dummheit" gelingt es, die Mauern des vermeintlich Offensichtlichen zu durchbrechen. So auch bei uns ...

Die Beharrlichkeit unseres ständigen „Nichtbegreifens" zahlte sich aus.

HILFST DU MIR BEI MEINER GEOMETRIEAUFGABE, BERTIE?

PSCHT, LIEBLING, BERTIE ARBEITET!

Schließlich gelangten wir zu einer erstaunlichen Entdeckung.

... ENDLICH!

WHITEHEAD, DIESMAL HAB ICH'S!

ENDLICH HAB ICH DAS VERDAMMTE DING GELÖST!

BIST DU SICHER?

ES IST BEWIESEN ...

1 + 1 = 2!

?

185

Wir brauchten zehn Jahre, um die ersten drei Bände unseres Werkes zu vollenden.

AUSSTELLUNG

Und damals wusste ich noch nicht, dass „ersten" auch „letzten" bedeuten sollte.

ICH BIN MÜDE, MANN.

Um ehrlich zu sein, hatte ich damals gar nicht das Gefühl, *irgendetwas* vollendet zu haben.

ICH BIN TOTAL AM ENDE.

KOMM ...

ICH MUSS DIR WAS ZEIGEN.

AUSSTELLUNG
DIE PRÄRAFFAELITISCHE
BRUDERSCHAFT UND
IHR EINFLUSS

Whitehead hatte das perfekte Symbol für seine Sicht der Dinge gefunden.

Der Weg dorthin
führte durch riesige,
leere Hallen.

DA ...

DIE DANAIDEN?

VON DEN GÖTTERN DAZU
VERDAMMT, AUF EWIG WASSER IN EINE
UNDICHTE SCHALE ZU FÜLLEN!

ICH FINDE, DIE ZEIT IST REIF ...

... FÜR DIE VERÖFFENTLICHUNG!

... VERÖFFENT-LICHUNG???

WAS REDEST DU DA? WIR SIND NOCH NICHT FERTIG, NOCH NICHT MAL ZUR HÄLFTE!

VOR UNS LIEGT NOCH EIN LANGER WEG!

SO LANG WIE DER IHRE?

ABER ... DU HAST MIR DOCH VER-SPROCHEN ...

... DU HAST GESAGT, ERST PRÜ-FEN WIR NOCH MAL DIE GRUNDLAGEN!!

HABEN WIR GETAN! NOCH UND NOCH!

WÄREN DIE „PRINCIPIA" REIN PHILOSOPHISCH, KÖNNTEN WIR IHRE PRÄMISSEN AD INFINI-TUM NACHBESSERN! ABER WIR REDEN ÜBER LOGIK!

UND LOGIK MUSS IRGENDWO ANFANGEN ...

... IRGEND-WANN!

ICH HASSE LOGIK!

Liebe Freunde, allem, was Sokrates gesagt hat, zum Trotz weiß ich ...

... dass Laien oft kilometerweit von den Sorgen eines Philosophen entfernt sind.

Also frage ich Sie:

Können Sie irgendwie nachvollziehen, in welchem Zustand ich mich damals befunden habe? Warum ich so verzweifelt war? ... Was meinen Sie, meine Dame?

Ich gebe zu, Herr Professor, so richtig klar ist mir das nicht!

Okay ... schauen wir noch mal auf die bisherigen Stationen: „1" war die Frage, die das Ganze auslöste ...

1. MATHEMATIK MUSS SICH AUF LOGIK STÜTZEN!
2. FREGE ERFINDET DIE ENTSPRECHENDE LOGIK (BASIEREND AUF MENGEN)
3. ICH ENTDECKE DAS PARADOX D.H. „LOGIK IST FEHLERHAFT"
4. WHITEHEAD UND ICH MÜSSEN SIE „REPARIEREN" („PRINCIPIA")

„2" machte die Suche überhaupt erst möglich ... „3" kennzeichnet die durch mich verursachte große Krise ...

... und „4" den Kampf, diese zu beenden!

Das, was Whitehead und ich eigentlich gemacht haben, indem wir eine paradoxfreie Logik zur Unterstützung der Mathematik aufbauten, war ...

... das Loch zu stopfen, das ich in Freges Ideen gemacht hatte!

Und wir haben das auch erfolgreich hingekriegt, mit einer Ausnahme: Egal, wie tief wir auch vordrangen, unser ach so solides System war auf Sand gebaut. Schlimmer noch ...

Ich habe die Grundlagen der Mathematik mit der Schildkröte verglichen, auf deren Panzer der Kosmos der Sage nach ruhte. Tja, letztlich endeten all unsere Bemühungen, dieses Tier auf einen festen Grund zu stellen ...

... in einem Turm von Schildkröten, eine unter der anderen!

Für mich als Philosoph war die Ironie „eines Grundlagensystems ohne feste Grundlagen" schwer zu ertragen ...

... ZU schwer!

Dennoch, trotz meiner anfänglichen Zögerlichkeit sagte ich schließlich Ja zu der Veröffentlichung: Vielleicht würde das Buch uns ja auch dabei helfen, neue Mitkämpfer zu finden!

Außerdem litt ich natürlich an einer Art intellektuellem Lagerkoller ...

... und die Veröffentlichung versprach den lang ersehnten Ausweg!

„'O WEH UND ACH', DAS WALROSS SPRACH ..."

SEI KEIN SPIELVERDERBER, BERTIE. IST DOCH SPANNEND!

Ich begleitete Whitehead zum Verlag.

DIE „PRINCIPIA" SOLLTEN UNS INS PARADIES FÜHREN ...

... ABER OHNE SOLIDE BASIS LIEFERN SIE NICHT MEHR ALS EINE KOMPETENTE BESCHREIBUNG DER HÖLLE!

SCHLUSS JETZT, RUSSELL, DU KRIEGST BLOSS KALTE FÜSSE!

ALEA IACTA EST!

CAMBR UNIVER PRESS

Ich blieb draußen.

190

OH, DAS IST JA EIN *EINMALIGES* MANUSKRIPT!

STIMMT. LASSEN SIE MICH ERKLÄREN ...

Während ich noch auf Whitehead wartete, überkam mich plötzlich ein tiefes Gefühl des Verlusts ...

Irgendetwas war gestorben ...

Nur was?

Mit einem Schlag wurde mir klar, dass ich auf dem Holzweg war.

EVELYYYYNN!!!

HIMMEL ... WAS IST???

ICH ... ICH ... SEH'S GANZ KLAR ... KEUCH ...

ES IST ... NICHT ... NICHT DAS BUCH!

WAS *REDEST* DU DA?

Meine damaligen Möglichkeiten als freier Redner entsprachen noch nicht den jetzigen.

DU BIST TOTAL DURCH-NÄSST!

... UND ICH **WEISS** ... **WEISS** JETZT, WARUM ...

... ALLES **FALSCH** IST!

WAS IST?

NUN ...

ES IST ...

ES IST ...

ES HAT ...

... ES HAT MIT ALYS ZU TUN.

... ALYS?

JA, UNSERE EHE. SIE IST EINE ...

... EINE FARCE!

... UND AUSSER- DEM BIN ICH ...

ICH BIN ...

... HOFFNUNGSLOS VERLIEBT IN ... IN ... ÄH ...

... DICH!

ICH WEISS ES!

ICH WEISS, DU LIEBST MICH AUCH!!!

ALSO SAG ES ...

JETZT ODER NIE.

Doch dann ...

UND ... SAG SCHON, WIE WAR'S BEIM VERLAG, SCHATZ?

Wie sich herausstellte ...

SIND ... SIE DEM BUCH HOFFNUNGSLOS VER... FALLEN?

... verlief die Wendung in eine andere Richtung als gedacht!

UM ES GERADEHERAUS ZU SAGEN – IHRE ANTWORT WAR EIN HÖFLICHES „NEIN".

WAS?

SIE GLAUBEN NICHT AN DIE „PRINCIPIA".

SIE BRINGEN SIE NUR RAUS, WENN **WIR** DEN DRUCK BEZAHLEN!

Zehn Jahre lang gehegte Träume vom Triumph unseres *Opus Magnum* fanden so ihr Ende.

SIE HABEN NICHT **EINEN** GEFUNDEN, DER BEREIT IST, DAS MANUSKRIPT ZU VOTIE-REN. UND „WENN NIEMAND GELD **NEHMEN** WILL DAFÜR, DASS ER DIE ‚PRINCIPIA' LIEST" ...

... SAGEN SIE SICH, „WIRD ERST RECHT **KEINER** DAFÜR GELD **AUSGEBEN!**"

Die Überlegungen des Verlages entbehrten nicht der Vernunft.

Aber überzeugt, wie wir waren, dass die „Principia" ihren Platz in der Ideengeschichte finden würden, ließen wir uns auf den schmachvollen Vorschlag des Verlages ein und zahlten.

MACH DICH BITTE NICHT SCHMUTZIG, KURT!

Eine letzte Be-merkung zu diesem trau-rigen Tag voll emotionalen Missgeschicks ...

In den dreißig Jahren seit ihrer Ver-öffentlichung habe ich nur eine einzige Person getroffen, von der ich sicher weiß, dass sie sich durch die circa zwei-tausend sperrigen und symbolbepack-ten Seiten gekämpft hat.

Die war 1910 aller-dings noch ein Kind.

In der Rückschau muss ich zugeben, dass ich auch mit meiner Selbstanalyse danebenlag: Mein Problem *war* das Buch!

ZWISCHENSPIEL

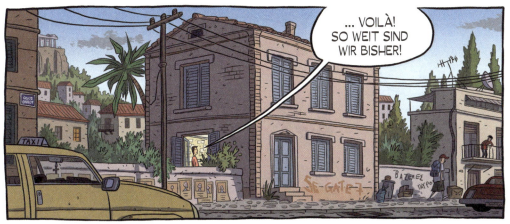

... VOILÀ!
SO WEIT SIND
WIR BISHER!

HM, WAS SOLL DER LETZTE SATZ BEDEUTEN: „DAS PROBLEM **WAR** DAS BUCH"?

DASS ES DAS **WAR**!

ICH GLAUBE, **RUSSELLS** „ÜBERFALL" AUF EVELYN WAR NICHTS ANDERES ALS EIN VERSUCH, SEINE FRUSTRATION DARÜBER LOSZUWERDEN, DASS DIE „**PRINCIPIA**" DAUERND IHR **EIGENTLICHES ZIEL** VERFEHLTEN.

JE TIEFER SIE DRANGEN, DESTO GRÖSSER WURDE SEIN FRUST!

ICH MUSS DANN ... TSCHÜSS, IHR!

DIE SEITE GEFÄLLT MIR! SIEHT DER KLEINE DA WIRKLICH AUS WIE DER „**KLEINE GÖDEL**"?

HAARGENAU!

'ABEN WIR BEI DIE **MATHEMATIEK** FÄHLER GEMACHT?

SO VIEL „MATHEMATIK" IST JA NICHT DRIN ...

„MATHEMATIK UND **COMICS** SIND WIE ÖL UND WASSER ..."

DAS SOLLTE MAN NICHT MISCHEN!

TROTZDEM – ICH FÄNDE ES GUT, DIE **LOGIK** EIN WENIG MEHR ZU ERKLÄREN, UM ...

... SPÄTER DAS EINE ODER ANDERE ÜBER **COMPUTER** EINFÜGEN ZU KÖNNEN!

„COMPUTER"?

WENN'S NACH CHRISTOS GINGE, HIESSE UNSER COMIC: „THEORETISCHE INFORMATIK FÜR DUMMIES"!

DAS IST NICHT FAIR!

VIELLEICHT WOLLEN WIR EINFACH NICHT DASSELBE!

BIS JUNI, CHRISTOS!

O.K., GEHEN WIR MAL DAVON AUS, ICH AKZEPTIERE DEINEN BLICKWINKEL DER „SUCHE". WIE LAUTET DANN DAS **FAZIT**?

WAS FÜR EIN „FAZIT"?

200

O.K., SO WEIT, SO GUT. ABER TROTZDEM - GLAUBST DU NICHT, DASS IHR DIE „WAHNSINNS"-SEITE ZU SEHR ...

... BETONT? SCHLIESSLICH HATTEN ZWAR ETLICHE VON IHNEN PSYCHOSEN, ABER BLOSS EINER -

ANNE! STIMMT WAS NICHT?

DAS BLÖDE DING IST IM EIMER! ICH KOMM NOCH ZU SPÄT ZUR PROBE!

ICH MACH MASKEN FÜR EIN PAAR FREUNDE, DIE AISCHYLOS' „ORESTIE" AUF-FÜHREN!

IST JA 'N TOLLER TAG FÜR DICH: VON MODERNER LOGIK ZU ANTIKER TRAGÖDIE!

GENAU - VON EINER TRAGÖDIE ZU DER NÄCHSTEN!

KANN ICH MITKOMMEN UND ZUSCHAU'N? ICH LIEBE PROBEN ...

KLAR ...

ALSO, BIS ZUM SOMMER, CHRISTOS!

O.K.

BEDEUTET, DASS DU DIE „RE-CHERCHE" MACHST, DU MUSST MATHE-MATIK PAUKEN?

GOTT, NEIN! ICH MACH DIE VISUELLE RECHERCHE!

OBWOHL ICH NATÜRLICH HOFFE, ÜBER DIE CHARAKTERE AUCH ETWAS MEHR VON IHRER MATHEMATIK ZU KAPIEREN!

AHA ... DA IST SIE WIEDER, DIE „LOGIK FOLGT WAHNSINN"-THEORIE!

HÄLTST DU DAS FÜR FALSCH?

NATÜR-LICH WAREN EIN PAAR VON DIESEN LEUTEN KON-TROLLFREAKS - MEINETWEGEN AUCH BESES-SEN!

ABER WENN DAS WAHNSINN SEIN SOLL, DANN WAR DAS SYMPTOM GESUNDER VERSTAND: KOMPLEXE ZUSAM-MENHÄNGE EINFACH ZU GESTALTEN!

RICHTIG EINFACH!

SO „EINFACH" WIE DER BEWEIS VON 1 + 1 = 2 AUF 362 SEITEN!

DARUM BE-SCHÄFTIGE ICH MICH AUCH LIEBER MIT ALGORITH-MEN ALS MIT LOGIK.

SORRY, ABER ALGORITHMEN HATTEN WIR NOCH NICHT!

HÄTTE MICH AUCH SEHR GEWUNDERT, IN EINER „TRAGÖDIE DES GEISTES"!

WEISST DU, WIR BEMÜHEN UNS UM **METHODEN** ZUR LÖSUNG VON **PROBLEMEN** UND NICHT SO SEHR UM **ABSTRAKTE THEORIEN!**

HAST DU EIN U-BAHN-TICKET?

NEIN.

DANN NIMM DIESEN **AUTOMATEN** HIER ... DER ARBEITET MIT EINEM INTERAKTIVEN ALGORITHMUS!

TATSACHE?

KLAR! DER SPULT EIN VÖLLIG **SIMPLES PROGRAMM** AB, UM DIR EIN TICKET ZU VERKAUFEN.

ZU SIMPEL! ICH HAB KEIN KLEINGELD.

EIN **ALGORITHMUS** BEWEGT SICH GERN IN EINER KLAR GEORDNETEN UMGEBUNG ...

DIESER **PLAN ZUM** BEISPIEL!

SAGEN WIR, DU BRAUCHST EINEN ALGORITHMUS, DER DEN WEG VON „STATION X" ZU „STATION Y" ZEIGT ...

WAS HEISST „X" UND „Y"?

... DER ALGORITHMUS GEHT SO VOR ... „SCHRITT 1, LOKALISIERE X, DEINEN AUSGANGSPUNKT."

„SCHRITT 2, LOKALISIERE Y...

... DEINEN ZIELPUNKT."

SIR, WOLLEN SIE NUN EIN TICKET ODER NICHT?

... „SCHRITT 3, FINDE RAUS, OB EINE LINIE VON X NACH Y FÄHRT. WENN JA, LIES DEN NAMEN DER ENDSTATION IN RICHTUNG X-Y UND GEH ZU SCHRITT 4", „SCHRITT 4: STEIGE IN DEN ENTSPRECHENDEN ZUG UND VERLASSE ..."

HIER, GIB MIR DIE TICKETS!

WENN MAN'S RECHT BEDENKT, SIND DIE HELDEN DER „GRUNDLA-GENSUCHE" GENAU DAS!

WAS?

PLANER!

SIE VERPASSTEN DER WIRREN REALITÄT DIE EINFACHHEIT UND KLARHEIT VON PLÄNEN, SODASS SIE MEHR DER NATUR DER LOGIK ENTSPRACH!

„JE EINFACHER, DESTO BESSER." IST ES DAS?

GENAU, DAS K.U.S.S.-PRINZIP ...

WIESO „KUSS"?

KURZ UND SCHLICHT = SUPER!

HAHA!

Lieber Freund,

heut Morgen bin ich in Berkeley eingetroffen ...

Aber mit den Gedanken war ich in Athen.

Bei der „Grundlagensuche als Comic"...

... der ich den Namen „Logicomix" verpasst habe ...

... und ihrem Inhalt.

Dazu passt eine kleine Geschichte ...

... die mir das Thema „Wahnsinn und Logik" ...

... etwas nähergebracht hat.

Eine Geschichte aus Athen ...

... während ich Anne zu ihrer Probe begleitete ...

FÜNF MINUTEN VON HIER BIN ICH **ZUR SCHULE** GEGANGEN!

Als wir hochkamen, merkte ich, dass wir in meinem alten Viertel waren.

Oder doch nicht?

WO HAB ICH BLOSS DAS VERDAMMTE DING ...

VIELLEICHT FIND ICH'S JA AUF DEM PLAN ...

... AN DIESEM PROBENORT WAR ICH NÄMLICH NOCH NIE.

BITTE! ICH BIN SECHS JAHRE LANG DURCH DIESE STRASSEN ZUR SCHULE GEGANGEN!

DER PLAN DIESER GEGEND HAT SICH IN MEINE NEURONEN EINGRAVIERT!

Am Anfang sah alles noch so aus wie früher ...

d. h. nicht ganz ...

VON HIER AUS DIE DRITTE RECHTS!

SCHÖN, DASS DIE MARKTHALLEN NOCH DA SIND ...

Ich muss gestehen, dass ich alles tat, um mit meiner fabelhaften Ortskenntnis bei Anne Eindruck zu schinden!

Als wir dann aber die Marktstraße verließen ...

ZUR EVRIPIDOU-STRASSE GEHT'S HIER LANG, AM ENDE DER STRASSE RECHTS!

TU LE RACOLES?

BAH, LAISSE BÉTON ...

Hm ...

Natürlich hatte sich einiges verändert in den Jahrzehnten meines Fortseins!

211

WARUM ERSTAUNT DICH DAS, AUSGERECHNET DICH, DER IN **BERKELEY** LEBT? **ATHEN** IST EINE INTERNATIONALE STADT ...

WEIL ICH SIE OFFENBAR MIT EINER STADT VERGLEICHE, DIE BLOSS IN MEINER ERINNERUNG LEBT.

MINDESTENS **10%** DER BEVÖLKERUNG **GRIECHENLANDS** SIND MITTLERWEILE **EINWANDERER**.

HIER SIEHT'S ABER EHER NACH **99%** AUS!

KEINE REICHE GEGEND HIER! WAS ERWARTEST DU? JETZT ABER ...

„IN DER MITTE DES **DRITTEN BLOCKS** GEHT EINE **PASSAGE** NACH RECHTS AB, DIREKT AUF EINEN **KLEINEN PLATZ** ZU ..."

... ABER HIER SIND **ZWEI** PASSAGEN!

UND, WAS SAGT DIR DEIN „**EINGRAVIERTER PLAN**" JETZT?

DASS DIE ANWEISUNGEN VON JEMAND PROGRAMMIERT WURDEN, DER ES AN **ALGORITHMISCHER GENAUIGKEIT** HAT FEHLEN LASSEN!

MAL SEHEN ... WIR WERDEN EINE SIMPLE SUCHFUNKTION ANWENDEN: 1) WÄHLE **EINE** DER PASSAGEN. WENN SIE UNS NICHT ZUM ZIEL BRINGT ...

... SCHLIESSEN WIR DURCH DIE „*REDUCTIO AD ABSURDUM*", DASS ES DIE **ANDERE** SEIN MUSS!

KEINE ZEIT! DU NIMMST DIE **EINE**, ICH DIE **ANDERE**, UND WER DEN „**KLEINEN PLATZ**" FINDET, RUFT DEN ANDEREN AN!

ABER ...

HASS MAL 'N EURO, ALTER?

ICH REDE MIT DIR!

DRECKIGES SCHWEIN!

PUUH! DAS WAR KNAPP!

VON WEGEN „KLEINER PLATZ". ICH RUF WOHL BESSER ANNE AN ...

SIR!

SO 'N MISTKERL HAT MIR GERADE DIE BRIEFTASCHE GEKLAUT! KANN ICH MIT IHREM HANDY MAL MEINEN SOHN ANRUFEN?

KLAR, KEIN PROBLEM.

NUR NICHT VERZWEIFELN ... IRGENDWO HIER MUSS ES SEIN!

NA, DAS BERUHIGT MICH JETZT ABER TOTAL!

GUT, WEL-CHE OPTIONEN HABEN WIR ...

... DER REIHE NACH SIND DAS:

OI ... OOOOIIII...

ICH BIN ZERSTÖRT

ERSTENS, NACHPRÜFEN, OB WIR RICHTIG ABGEBOGEN SIND ...

HÖR MAL ...

DA SCHREIT JE-MAND UM HILFE!

O SCHMERZ

OI...

OI...

ICH GLAUB, ICH WEISS AUCH GENAU, WER!

OH APOLLON, GOTT DER WEISHEIT

DU ZERSTÖRST MICH

WOHIN HAST DU MICH GEBRACHT?

WELCH TOTENHAUS IST DIES?

MEINE WORTE MACHEN MICH SCHAUDERN... DU LÄDST ZUM SCHREI DIE FURIEN EIN!

O BLUT, TROPFEN FÜR TROPFEN! TROPF DUNKLES BLUT MIR AUF DAS HERZ...

MEIN HERZ, TÖDLICH GETROFFEN ... AN MEINES LEBENS DÄMMERUNG, DEN TOD VOR AUGEN ...

SO WILLST DU MICH ER- MORDEN, DEINE MUTTER, SOHN?

MITNICH- TEN ICH. NEIN, DU ERMORDEST SELBER DICH!

Völlig gebannt folgte ich der Probe.

Aischylos' Worte waren voller pro- funder, sprichwörtlicher Weisheit ...

„Keine Tat, die nicht auch Leiden macht ..."

„Wer nicht leidet, wie soll der lernen ..."

Aber was lernen wir überhaupt, frag ich mich.

Was lehrt uns das Leben in seiner ganzen Komple- xität?

DU! VOR DER MUTTER GRIMMEN HUNDEN HÜTE DICH!

UND DIE MEINES VATERS, LASS ICH DICH, WIE MEID ICH DIE?

Logiker hassen Widersprüche ...

Aber was ist Leben, so wie du es betrachtest und darstellst, ande- res als ein Haufen von Widersprüchen?

Seltsamerweise erinnerten die Konflikte der „Orestie" mich ...

... an meine armselige kleine Hybris früher an jenem Abend ...

... meine Überzeugung, dass ich einen Teil Athens kenne ...

... bloß weil sich, wie ich es sagte, „sein Plan in meine Neuronen eingraviert" hätte.

Großer Gott!

Und dann fiel mir ein, was ich Anne zuvor über „Planer" erzählt hatte ...

... und über die Helden dieses „Logicomix", den wir hinzu-kriegen versuchen.

Und ich dachte mir: „*Klar, Frege, Russell, Whitehead waren exzellente Planer ...*"

... aber vielleicht haben sie ihre Wirklichkeit mit ihren Plänen ver-wechselt."

WAS FÜR EINE PERFEKTE **DEFINITION** VON WAHNSINN!

... und ich glaube, die-ser Gedanke macht es mir leichter, dein „Logik und Wahnsinn"-Thema zu verstehen.

5. LOGICO-PHILOSOPHISCHE KRIEGE

CHRISTOS' KOMMENTAR ÜBER **PLÄNE** UND **WIRKLICHKEIT** KOMMT GENAU IM RICHTIGEN MOMENT – GERADE, WO DIE **REALE WELT** IN **RUSSELLS** ABGESCHIEDENHEIT **BRICHT.**

ANNE, HAST DU BILDER VON BRIGHTON?

JA, SCHOGAR EINIGE WUNDERSCHÖN PITTORESCHKE ... BELLE ÉPOQUE AN DER SCHEE!

UND, WAS TREIBT UNS AN DIE SEE?

RUSSELL! ER ZOG SICH IN ZEITEN DER KRISE OFT DORTHIN ZURÜCK, UM ...

... ALLEIN ZU SEIN UND ...

... NACHZUDENKEN ...

'ERRLIESCH! DIESE FARBEN!

Als ich an einem Wintertag am Strand von Brighton saß, fühlte ich mich an meine Jugend erinnert ...

... an die Zeit, als Euklid mich aus den unerbittlichen Klauen von Großmutters Religion befreite.

Das Versprechen einer vernunftgestützten, völligen Sicherheit entsprach meinem Traum vom perfekten Kosmos.

Meiner ureigenen Vision des Himmels.

Alles in allem hatte ich zwanzig Jahre mit den Grundlagen der Mathematik gerungen ...

... mein persönlicher idealistischer Raubzug auf dem Meer der Wahrheit.

Und nun war es so weit ...

Die „Principia Mathematica" sollten veröffentlicht und meine Bemühungen der Welt mitgeteilt werden ...

... um genau zu sein, dem winzigen Teil der Welt, der sie überhaupt verstehen konnte.

Etwas fertiggestellt zu haben, wie unvollständig auch immer, veranlasste mich, mein Leben zu überdenken.

Und das Ergebnis war eine unangenehme Wahrheit:

Abgesehen von der Mathematik und einer an die Wand gefahrenen Ehe war ich völlig isoliert!

Hier war ich ...

Ein Fisch hinter Glas ...

Abgeschnitten von der Welt ...

Zufrieden damit, an denjenigen ihrer Bröckchen zu knabbern, die es in meine streng abgeschirmte intellektuelle Höhle schafften.

Damals begriff ich, dass ich auf der menschlichen Ebene nur unwesentlich weitergekommen war als jener traurige kleine Junge, der verzweifelt nach Wegen aus dem Strudel der Ungewissheit suchte.

Die „Principia" waren meine nach der Welt greifende Hand ...

... aber würden sie ihr Ziel erreichen?

So! Wir schreiben jetzt 1911, ein Jahr geprägt durch zwei folgenschwere Ereignisse ...

Das erste begann wie die Erfüllung eines Traums und wurde zum Albtraum. Das andere jedoch ...

Aber ich will die Geschichte der Reihe nach erzählen!

Eines Nachmittags, ich saß in meinen Collegeräumen, klopfte es an meiner Tür ...

SIE SIND HERR PROFESSOR **RUSSELL**?

Ein junger Ausländer betrat mein Zimmer.

HERR PROFESSOR **FREGE** SCHICKT MICH ZU IHNEN.

WIE GEHT ES PROFESSOR FREGE?

ER SAGT, ES GÄBE KEINEN BESSEREN ALS **SIE**, UM MIR **LOGIK** BEIZUBRINGEN!

... und so kam ich zu einem neuen Studenten!

Von Beginn an beeindruckte mich die Intensität seiner philosophischen Überzeugungen.

ABER **GESICHERT** WISSEN KÖNNEN WIR NUR DIE ERGEBNISSE **LOGISCHER OPERATIONEN**!

NUN, WIR VERFÜGEN AUCH NOCH ÜBER DIE **EMPIRISCHE BEOBACHTUNG**!

NEIN.

UND WAS IST MIT UNSERER **SINNESWAHRNEHMUNG**?

NEIN!

Solche Intensität hatte ich bislang nur bei mir in jungen Jahren erlebt.

BLOSS EMPIRISCHES HAT IM DISKURS DER WAHRHEIT **NICHTS** ZU **SUCHEN**!

ABER, ABER ... SIE WERDEN DOCH DIE REALITÄT EINIGER EMPIRISCHER FAKTEN ANERKENNEN!

HALTEN SIE DEN SATZ: „IN DIESEM **RAUM** IST **KEIN NASHORN**" DENN NICHT FÜR WAHR?

NEIN! TU ICH NICHT!

Der Name meines neuen Studenten war Ludwig Wittgenstein.

Der erste Band der „Principia" wurde direkt vor seiner Ankunft veröffentlicht.

DAS IST MUSIK, RUSSEL.

DAS IST MOZART!

Wittgensteins ästhetische Wertschätzung war natürlich durchaus herzerwärmend ...

Aber der Rest der wenigen, die dieses Buch verstehen konnten, war lange nicht so enthusiastisch!

DIE SAGEN, DASS WIR DIE GRUNDLAGEN TROTZ DER VIELEN HUNDERT SEITEN VOLLER SYMBOLISCHER BERECHNUNGEN NICHT WENIGER WACKLIG GEMACHT HABEN.

ACH! DAS SIND DOCH ALLES IDIOTEN!

ES LÄUFT DARAUF HINAUS, DASS DIE PRÄMISSEN DER TYPENTHEORIE NICHT EINGÄNGIG GENUG SIND...

... GENAU, WIE ICH BEFÜRCHTET HABE!

ABER VERSTEHEN DIE DENN NICHT DIE BEDEUTUNG DER TYPEN?

SIE BEWAHREN UNS VOR DEM PARADOX. SIE SIND WESENTLICH FÜR DIE LOGIK AN SICH! TYPEN MÜSSEN ERHALTEN BLEIBEN ...

... UM JEDEN PREIS!

Natürlich war ich ganz und gar der Meinung Wittgensteins. Aber leider waren Whitehead und ich intellektuell schon zu ausgelaugt, um uns auf sein Hilfsangebot einzulassen.

Trotzdem war ich nicht ohne Hoffnung.

Der Grund: Ich war mittlerweile vom Genie meines neuen Studenten überzeugt! O ja, alle Anzeichen schienen darauf hinzuweisen. Er war ...

LOGIK IST ZU WICHTIG, UM SIE DEN LOGIKERN ZU ÜBERLASSEN!

... leidenschaftlich ...

WIR MÜSSEN BIS ZU DEN WURZELN DRINGEN!

... gründlich ...

... WEG MIT DEM UNWESENTLICHEN!

... intensiv ...

ICH WERDE NICHT ZULASSEN, DASS SIE DIE „PRINCIPIA" AUFGEBEN!

... und manchmal unerträglich dominant!

Kurz und gut: Er hatte alles, was einer haben musste, der die „Principia" zurechtrücken wollte!

Was mich selbst betraf ...

... so widmete ich mich umso entschlossener der Frage, wie der Wahrheit der materiellen Welt auf die Spur zu kommen war.

Doch, wie wir alle wissen, nützt manchmal auch der schönste Plan nichts ...

WAS FÜR EINE VERSCHWENDUNG, RUSSELL! SO VIELE SEITEN BLOSS FÜR MENGEN.

VERSCHWENDUNG? DIE MENGENLEHRE IST WESENTLICH FÜR UNSERE BEWEISFÜHRUNG.

HILBERT, DER ALTE IDIOT, NENNT SIE EIN „PARADIES"! ABER SIE IST DIE HÖLLE!

EINE HÖLLE, DURCH DEREN PFORTE SICH ...

... DAS MONSTER DES UNENDLICHEN IN DIE MATHEMATIK EINSCHLEICHT!

„EINSCHLEICHT?" UNSINN! DAS UNENDLICHE IST LÄNGST DA, VON BEGINN AN, ALTER JUNGE!

ES IST BESTANDTEIL DES UNIVERSUMS, LANGE BEVOR WIR UNSER ARMSELIGES HIRNSCHMALZ DARAN VERSCHWENDEN!

ACH, RUSSELL, DAS HALT ICH NICHT AUS!

SAGEN SIE MIR NICHT ...

... SAGEN SIE MIR BITTE NICHT, DASS SIE VON EINER UNABHÄNGIGEN EXISTENZ MATHEMATISCHER WIRKLICHKEIT AUSGEHEN.

NATÜRLICH TU ICH DAS. SONST LEBTEN WIR JA IM VÖLLIGEN CHAOS!

ABER DAS GROSSARTIGE AN DEN „PRINCIPIA" IST DOCH GERADE, DASS SIE ALLES AUFS PAPIER BANNEN, ABER EBEN NUR DAS, WAS SIE BEHAUPTEN!

WO ALSO IST DANN BITTE SCHÖN DIESES „UNENDLI-CHE"?

WO???

ES PASST NICHT ...

... HINEIN, IN EIN ENDLICHES BUCH!!!

Als ich Wittgenstein mit der Feinabstimmung unse-rer Beweisführungen betraut hatte ...

... ging ich naiverweise davon aus, er würde sich daran halten.

SEUFZ

VERSTEHEN SIE NICHT ... BLA, BLA ... KEINERLEI OBJEKTIVE EXISTENZ BLA, BLA

Stattdessen stellte er meine fundamen-talen Prämissen über Wesen und Natur von Wahrheit infrage!

HM, HIER SCHEINT **RUSSELL** ANZUDEUTEN, DASS **WAHNSINN** EINE **FOLGE** VON **LOGIK** IST UND NICHT UMGEKEHRT, WIE DU IMMER SAGST!

GLAUB ICH NICHT ...

ER BESCHREIBT **WITTGENSTEIN** OFT ALS IHM „SEHR ÄHNLICH" UND ZUGLEICH ALS „TYPISCHEN LOGIKER"!

HIER, HÖRT MAL ...

RUSSELL SCHREIBT: „SO WIE ICH ANALYSIERTE ER STÄNDIG ALLES, EINE UNSER GEFÜHL GÄNZLICH ABTÖTENDE ANGEWOHNHEIT."

RUSSELLS KIND'EIT WAR GRUND GENUG, SEINE GEFÜHL' **ABTÖTEN** ZU WOLLEN!

GANZ GENAU!

ES WAREN SEIN **CHARAK- TER**, SEINE VERUNSICHERUNG, SEINE **NEUROSEN**, DIE IHN ZUR LOGIK DRÄNGTEN!

Es war sicher kein Zufall, dass meine tief sitzende Furcht vor dem Irrewerden genau zu jener Zeit wiederauftauchte, als die Bedeutung meiner Arbeit für die Logik infrage gestellt wurde.

Wie man so sagt: „Kaum ruht die Vernunft, erwachen die Monster."

Als echtes Kind der viktorianischen Zeit ging ich davon aus, dass jeder Mensch vom Wesen her in zwei Persönlichkeiten gespalten war.

Die eine ein Muster an Reinheit, mit der Vernunft als Credo ...

... die andere ruchlos und verkommen, ausschließlich getrieben von ungebremster Lüsternheit.

Es war Letztere, die Wittgenstein bei mir ans Tageslicht brachte, indem er mein logisches Werk untergrub.

Ich driftete in eine entsetzliche Sackgasse.

KOMM SCHON! LASS UNS EINEN DRAUFMACHEN!

„DIR SEI KEIN GLÜCK BESCHIEDEN, SO DU NICHT LÖSEN WIRST DAS PROBLEM DER TYPENTHEORIE!"

In diesem Moment kam es zu dem zweiten folgenschweren Ereignis.

Im Verlauf dieser Krise suchte ich Halt in den äußerlichen Gewohnheiten meines akademischen Lebens.

DER HUNNE IST WILD ENTSCHLOSSEN, SEIN ZIEL ZU ERREICHEN, GENTLEMEN!

Und während eines dieser langweiligen College-Dinner begann es ...

UND GELINGT IHM DAS NICHT MIT FRIEDLICHEN MITTELN, WIRD ER ZU DEN WAFFEN GREIFEN!

ENT-SCHULDIGEN SIE, GENTLE-MEN!

Eine rasche Folge von Geschehnissen, die ...

?

SIE WERDEN **DRINGEND ZU HAUSE** VER-LANGT, SIR!

... mich dazu brachten, mein Leben auf gänzlich neue Weise anzugehen.

NICHT SO SCHNELL, RUSSELL!

DA IST WAS **PASSIERT, MANN!** LAUF!!!

AH, WHITEHEAD, ENDLICH!

SIE HAT GROSSE **SCHMERZEN IN DER BRUST** ...

... UND HERZRASEN ...

... EIN ZEICHEN VON **HERZVERSAGEN!**

HERZ... VERSAGEN?

EVELYN, LIEBES?

MEIN GOTT ... SIE **STIRBT!**

OH, DER SCHMERZ **BRINGT** MICH NOCH UM!

Wie ich so dastand, stummer Zeuge der Leiden einer Frau, die ich liebte, brach der letzte Halt meiner strikten Weltsicht zusammen.

BERTRAND, LIEBER ...

VERSPRICH MIR, AUF DEN ARMEN ALFRED AUFZUPASSEN!

UNSINN, ALTES MÄDCHEN! DU WIRST SELBST AUF IHN AUFPASSEN ...

In ihren Augen erkannte ich voller Schrecken meine eigene Sterblichkeit.

Doch ...

BITTE ... SORG DAFÜR, DASS **ERIC** MEINEN **TOD** VERKRAFTET!

... ausgerechnet da zeigte mir meine neu erwachte Verantwortlichkeit einen Weg aus meiner Verzweiflung.

Und so wurde diese Erfahrung mit dem Tod, dieses *memento mori* ...

LASS UNS MAL MITEINANDER REDEN!

... zum überraschenden Anlass, das Leben neu in den Griff zu bekommen.

233

Es sollte nicht unerwähnt bleiben, dass Mrs Whitehead schon ...

... bald wieder völlig genas!

Ja, sie erfreut sich bis heute bester Gesundheit!

Ihr „Herzversagen" entpuppte sich als Magenverstimmung, verstärkt durch eine schwache nervliche Disposition!

Und doch - erwies sich ihr angekündigter Tod auch als Fiktion -, die dadurch bei mir bewirkte Veränderung war real.

So real, dass ich Wittgensteins Nachricht aus irgendeinem gottverlassenen norwegischen Küstenort, in dem er über den Sinn logischer Präpositionen nachdachte ...

... erstaunlich gelassen aufnehmen konnte, ebenso wie seine Kritik.

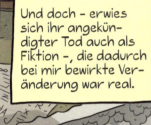

mein Haus

Lieber Russel,
ich denke über Ihre VIEHISCHE Typentheorie nach. Sie hat weder Kopf noch Fuß! Muss das wirklich sein, dieser IRRWEG???
— Lassen Sie so

Die neu erweckte Sorge um das Wohl meiner Mitmenschen hatte meine Leidenschaft für die Grundlagen der Mathematik gedämpft.

Von diesem Geist beseelt, begann ich mit Vorlesungen wie dieser den Versuch, die höhere Logik auf menschliches Verhalten anzuwenden.

... UM ALSO MIT VERNUNFT HANDELN ZU KÖNNEN ...

...ickshire ...ation Society

...nd Russell

ÜBER DAS WESEN DER LOGIK

Und das zu einer Zeit, als jede Art von Logik eine absolute Seltenheit war.

Man bedenke, wir schrieben den Sommer 1914.

Pathé gazette

ÖSTERREICHISCHER THRON-FOLGER ERSCHOSSEN!

O MANN!

WIRD DAS KEINE FOLGEN FÜR UNS HA-BEN?

DAS IST WEIT WEG, LIEBES.

DIE **DEUTSCHEN** SCHEINEN ES ABER PERSÖNLICH ZU NEHMEN.

SCHLIMMSTENFALLS MARSCHIEREN SIE IN **SERBIEN** EIN!

„**RUSSLAND** DROHT **DEUTSCHLAND** IM FALL EINES ANGRIFFS AUF **SERBIEN** MIT KRIEG!!!"

DAS KÖNNTE DIE SACHE ALLERDINGS VER-KOMPLIZIEREN!

ZAR: „ICH SCHLAGE ZURÜCK!"

Mich schaudert immer noch, wenn ich an die darauffolgenden Tage denke.

VER-DAMMT!

In nur wenigen Wochen ...

... brachte eine Folge unlogischer Aktionen ...

... uns an den Rand ...

... eines furchtbaren Albtraums.

Und darüber hinaus.

Kontinentaleuropa war vom Nationalismus befallen ...

KLICKLICKLICKLICKLICK

... und die Keime des Kriegswahns verbreiteten sich ungehemmt über den Kanal.

Aber Sie, Sir, wurden *nicht* angesteckt!

Nun ... teils war ich dagegen geimpft.

Wo-mit?

Durch Logik.

Oder besser gesagt ...

... durch meinen Hang, stets den Versuch zu machen, logisch vorzugehen, allen irrationalen Instinkten zum Trotz.

Vergessen Sie nicht den alten kriegsversehrten Parker, den ich als Kind auf dem Friedhof gesehen hatte! Dieses tragische Wrack von einem Mann ...

... hatte mir alles über Kriege beigebracht, was ich brauchte!

Als dieser nun auszubrechen drohte, wurde ich aktiv.

Ich schrieb Traktate und Artikel und sprach vor Versammlungen, die sich die Suche nach friedlichen Lösungen zum Ziel gesetzt hatten.

Mein Appell galt immer der Logik ...

... der Vernunft.

Am 4. August 1914 nahm ich an einer Friedensdemonstration am Trafalgar Square teil.

Noch während der Demo erreichte uns die Nachricht ...

... dass England Deutschland soeben den Krieg erklärt hatte!

Und dann wurde ich Zeuge eines beängstigenden Wunders.

Menschen, die der Traum vom Frieden zusammengebracht hatte ...

NIEDER MIT DEN HUNNEN!

... feierten plötzlich den gerade Realität gewordenen Krieg!

RULE BRITAAANNIA BRITANNIA RULE THE WAVES

Aber am merkwürdigsten war meine eigene erste Reaktion.

GOD SAVE THE KING!

HURRAH!!

Ich wünschte mir die Niederlage Deutschlands damals so vehement, als wäre ich ein Oberst a. D.

Zum Glück dauerte dieser seltsame Rückfall in meine tief verborgenen Stammesinstinkte bloß ein paar Stunden. Dann kehrte die Vernunft zurück.

In meinen Vorlesungen und Artikeln begann ich, gegen den Wahnsinn zu reden, der auch einige der klügsten Leute ergriffen hatte, die ich kannte, so zum Beispiel ...

... Ludwig Wittgenstein!

Mein eigener „logischer Thronfolger" hatte sich als Freiwilliger bei der k.u.k. Armee Österreich-Ungarns gemeldet!

Obwohl Wittgenstein sehr eigene, exzentrische Gründe dafür hatte, Soldat zu werden ...

WIR BRAUCHEN RIESIGE KANONEN, WITTGENSTEIN. DER **GENERAL** IST NÄMLICH KURZSICHTIG!

JAWOHL, HERR FELDWEBEL!

... befahl ihn der Generalstab, zweifellos wegen des immensen Reichtums seiner Familie, ins Hauptquartier.

Er war jetzt Hilfsmechaniker, immerhin!

Aber keine Beschäftigung konnte seinen neuesten Gedankengang stoppen: über die Bedeutung logischer Präpositionen ...

... und ihr Verhältnis zur Sprache.

DAS IST JETZT ABER INTERESSANT!

In den ersten Kriegsjahren bekam ich einige Briefe von ihm ...

IHRE KANONEN, HERR GENERAL!

... in denen er seine Versuche beschrieb.

Spielzeugmodelle brachten ihn auf seine erste große Idee.

... UNSERE **ARTILLERIE** WIRD DEN **FEIND** ZUERST AN DESSEN **WESTLICHER FLANKE** BESCHIESSEN.

JEDE KANONE STEHT FÜR **EINE BATTERIE**, MEINE HERREN.

JEDER **ZINNSOLDAT** REPRÄSENTIERT **EIN INFANTERIEBATAILLON.**

D. H., JEDER TEIL DER **WIRKLICHKEIT** WIRD DURCH EIN **SYMBOL** DARGESTELLT!

... UND DANN WERDEN DIE VIER INFANTERIEBRIGADEN SIE FRONTAL ANGREIFEN.

BRILLANT!

UND JETZT DIE INFANTERIE ...

... UND DIESE STEHEN ENTSPRECHEND IHREN **REALEN VERHÄLTNISSEN** ZUEINANDER, VERMITTELT DURCH **SPRACHE!**

WITTGENSTEIN, *SCHIEBEN* SIE DIE INFANTERIE VOR!

MIT ANDEREN WORTEN ...

SOLDAT WITT ...

SPRACHE IST BLOSS EIN MODELL ...

EIN ABBILD DER REALITÄT!

Wittgenstein untersuchte das Potenzial der Sprache in Bezug auf die Wahrheit, aber meine dementsprechenden Versuche während des Krieges in England ...

UNSERE MÜTTER UND FRAUEN WOLLEN UNSEREN FRONTEINSATZ!

... bestätigten meine Überzeugung, dass sie als Instrument versagte!

WER FEHLT? ETWA DU?

ARMEE, DAS IST MEHR ALS ARBEIT!

SIEH AN, RUSSELL ...

CAMBRIDGE

OH, HALLO!

Als der Krieg sich ausweitete, nahm ich ein Jahr frei und hielt Vorträge gegen die bevorstehende Dienstverpflichtungswelle.

Ich kehrte bloß zu gelegentlichen Konferenzen zurück.

WIE VIEL **ZAHLT** IHNEN DER **KAISER**, DAMIT SIE DEN GEIST UNSERER JUNGENS UNTERMINIEREN?

VERDAMMTER VERRÄTER!

Viele meiner Treffen mit ansonsten vernunftbegabten Männern wurden zu irrationalen Veranstaltungen.

Und ein paar waren besonders schmerzlich.

WILLKOMMEN! DER ZULAUF IST NICHT ÜBEL!

EINE SEKUNDE ...

WHITEHEAD?

RUSSELL

MEIN GOTT, DAS IST DOCH ...

ERIC WHITEHEAD, OFFIZIERS-ANWÄRTER DES **KÖNIGLICHEN FLIEGERCORPS!**

ABER ...

WIESO HAST DU DICH GEMELDET, KÄFER?

OH, FÜR **KÖNIG** UND **VATERLAND**, RUSSELL – SAGEN DIR DIESE WORTE WAS?

ER IST NOCH EIN KIND!

DU WIRST DEINEN ZUG VERPASSEN, ERIC.

OH, BERTIE!

HÖR NICHT AUF MEINEN ALTEN HERRN! ICH GLAUB NICHT AN DEN GANZEN **PATRIOTISCHEN QUATSCH!**

ICH WILL EINFACH **SPASS!**

„SPASS"?

ICH WILL NICHT MEIN GANZES LEBEN ÜBER BÜCHERN HOCKEN, UM ZU BEWEISEN „1 + 1 = 2"...

... ICH WILL LIEBER **LEBEN!**

244

In gewisser Weise hatte sich Wittgenstein aus dem gleichen Grund gemeldet, auch wenn seine Vorstellung von „Spaß" philosophischer war!

HERR MAJOR, ICH MÖCHTE EIN **GESUCH** MACHEN, MEINE VERLEGUNG AN DIE **FRONT** BETREFFEND!

DA SIND SIE NICHT DER EINZIGE.

HABEN SIE KINDER?

NEIN, HERR MAJOR.

SIND SIE DANN VERHEIRATET?

BIN ICH NICHT.

JA, VERSTEHEN SIE DENN NICHT? SIE MÜSSEN **SCHWERWIEGENDE** GRÜNDE ANFÜHREN, UM NICHT AN DIE **FRONT** ZU KOMMEN!

MIT ALLEM RESPEKT, MAJOR, SIE SIND ES, DER NICHT VERSTEHT.

BITTE GEHORSAMST, AN DIE FRONT VERSETZT ZU WERDEN!

Wittgenstein glaubte, bevor er Logiker würde, sollte er erst mal „ein Mensch werden".

Und diesbezüglich nahm er Schopenhauer beim Wort: Nichts macht dich zum besseren Menschen als eine ordentliche Nahtod-Erfahrung!

ICH WERDE SIE EMPFEHLEN.

Und das tat er ...

Stell einen Mann an den Rand eines Abgrunds – für den unwahrscheinlichen Fall, dass er nicht hineinfällt, wird er entweder zum Mystiker, oder er dreht durch ...
... was wahrscheinlich dasselbe ist!

Ludwig Wittgen-
stein hatte Glück und
überlebte eine ganze Reihe
existenzieller Extrem-
situationen.

RATATATA

Nicht so Eric
Whitehead.

LIEBE GEMEINDE, WIR HABEN UNS VERSAMMELT,
UM DEM HERRN ZU DANKEN FÜR DAS LEBEN
EINES JUNGEN MANNES, DESSEN LIEBE ZUM
VATERLAND ...

Die Mischung aus religi-
öser und patriotischer
Rhetorik wäre zu viel für
mich gewesen, also ...

... blieb ich seiner
Beisetzung fern.

Ich trauerte
auf meine
eigene Weise.

Und das drückte sich in einem persönlichen Kurswechsel aus: Statt mich für eine friedliche Beilegung des Konflikts auszusprechen, forderte ich die Leute jetzt auf, sich ihm bewusst zu widersetzen.

Ich bitte Sie, das Oxymoron zu entschuldigen, aber ich wurde ...

... zum militanten Pazifisten!

Gut so!

Machen Sie's noch mal so, Professor Russell! Das Problem ist dasselbe, ein total unvernünftiger Krieg!

Jeder Krieg ist unvernünftig!

Hört, hört!

Wir sind nicht hier, um *euch* zuzuhören, Leute!

Bekennen Sie Farbe, Professor Russell!

Werden Sie Ihrer Überzeugung gerecht!

Stellen Sie Ihren Pazifismus unter Beweis!

Tch Tch

Bitte ...

Ich bin aus dem College geworfen, verfolgt und vor Gericht gestellt worden – reicht Ihnen das nicht als Beweis?

Aber das war damals! Was ist mit jetzt?

Haben Sie noch etwas Geduld, ich bin gleich durch. Und das Wichtigste, was Sie angeht, kommt ganz am Schluss ...

... UND HIERMIT VERURTEILE ICH DEN ANGEKLAGTEN BERTRAND RUSSELL ZU SECHS MONATEN GEFÄNGNIS!

Es wird Sie vielleicht interessieren, dass ich ausgerechnet wegen eines Artikels verhaftet wurde, in dem ich gegen den Kriegseintritt Ihres Landes protestierte!

Aber ich will nicht klagen: So konzentriert wie in Brixton hab ich kaum je arbeiten können.

PRODUKTIVER TAG, SIR?

UND OB, WILSON! DIE „EINFÜHRUNG IN DIE MATHEMATISCHE PHILOSOPHIE" IST FAST FERTIG!

Mein Appetit auf moralische Pflichten war mir vergangen ...

... sodass ich zum reinen Denken zurückkehrte und eine Verteidigung der Prämissen meiner logischen Arbeit abfasste.

Wenige Monate nach Ende des Krieges erhielt ich ein unerwartetes Geschenk.

GOTT SEI DANK ... ER **LEBT**!

„ICH GLAUBE, DIE PHILOSOPHISCHEN PROBLEME IM WESENTLICHEN **ENDGÜLTIG GELÖST** ZU HABEN!"

Guter alter Wittgenstein ... Bescheidenheit gehörte nie zu seinen Tugenden!

Der Inhalt seines *Opus Magnum*, geschrieben in den Schützengräben der Ostfront, blieb mir, zumindest in Teilen, verschlossen. Trotzdem bekam ich eine Ahnung von dem, was er mit „endgültig gelöst" meinte ...

Was der Fall ist.

1.1 *Die Welt ist die Gesamtheit der Tatsachen, nicht der Dinge.*

1.11 *Die Welt ist durch die Tatsachen bestimmt und dadurch, dass es alle Tatsachen sind.*

1.12 *Denn die Gesamtheit der Tatsachen bestimmt, was der Fall ist, und auch, was alles nicht der Fall ist.*

WARTET MAL! ICH HAB VERSUCHT, DIESEN „**TRACTATUS LOGICO-PHILOSOPHICUS**" ZU LESEN ...

URSPRÜNGLICH HIESS ER „**LOGISCH-PHILOSOPHISCHE ABHANDLUNG**".

... WIE AUCH IMMER, ICH HABE **NIX** VERSTANDEN!

DA BIST DU **NICHT** DER EINZIGE.

WORUM GEHT'S DENN IM KERN?

ERINNERT EUCH: DER ANTRIEB FÜR RUSSELLS SUCHE NACH ABSOLUTER SICHERHEIT WAR EIN TIEFES MISSTRAUEN UNSERER ALLTAGSSPRACHE GEGENÜBER.

WIE FREGE WAR ER ÜBERZEUGT, SIE VERFÄLSCHE DAS REINE DENKEN ...

... UND ER ERSETZTE SIE DURCH EINE „LOGISCH PERFEKTE" VERSION.

ABER DURCH SEINE KRITIK AN DEN PRÄMISSEN DER „PRINCIPIA" STELLTE WITTGENSTEIN GERADE DIES INFRAGE ...

... UND BEDIENTE SICH WIEDER DER NORMALEN SPRACHE!

DER ERSTE SATZ DES „TRACTATUS" BEZIEHT SICH AUF DIE WIRKLICHKEIT DER WELT ...

„DIE WELT IST ALLES, WAS DER FALL IST."

DIE WELT WIRD ABGEBILDET DURCH DIE SPRACHE ... DAS IST DIE KERNAUSSAGE SEINER „SPRACHTHEORIE".

GENAU WIE DIE SPIELZEUGKANONE HIER EIN ABBILD IST ...

... DER WIRKLICHEN, SO IST ES ...

... AUCH DAS ENTSPRECHENDE WORT!

UND DER SATZ „DIE KANONE WURDE ABGEFEU-ERT" **BILDET** DIE SITUATION IN DER **REALEN WELT** AB!

KA-WUMM!

ABER LASS UNS MIT DEM FOLGENSCHWEREN TREFFEN IM DEZEMBER 1918 IN **DEN HAAG** WEI-TERMACHEN ...

Die noch nicht ver-heilten Wunden des Krieges verboten es einem Österreicher, nach England zu reisen. Also trafen wir uns auf neutralem Gebiet.

Um Ihnen Nach-kriegs-Belgien zu be-schreiben, brauchte ich die epische Kraft eines Aischylos ...

... kann doch das geplünderte Troja nicht schlimmer ausge-sehen haben als Ypres!

Meine Vorfreude darauf, uns nach sieben Jahren wiederzusehen ...

... wurde über-schattet von tiefer Bestürzung ...

... und Angst.

Eine Woche lang verbrachten wir jede wache Minute damit, Satz für Satz den „Tractatus" durchzuarbeiten.

... DIE „SPRACH"-THEORIE IST KLAR GENUG. ABER **WAHR** WIRD SIE **NUR** DURCH DIE IHR ZUGRUNDE LIEGENDE HÖHERE LOGISCHE SPRACHE!

NUN FÄNGST DU SCHON WIEDER AN! ES GIBT KEINE „HÖHERE SPRACHE"! WAHRHEIT GIBT'S BLOSS IN **EINER** VARIANTE!

MEHR ALS EINE „BILDERSPRACHE" BRAUCHT'S NICHT ZUR BESCHREIBUNG **DER WELT**, D.H. IHRER TATSACHEN!

... UND **LOGIK**?

LOGIK IST DIE **STRUKTUR** DER SPRACHE, SIE IST IN SIE EINGEBETTET WIE **MONIEREISEN**, DIE EIN GEBÄUDE STÜTZEN.

ABER VERSUCH MAL, IN DER EISERNEN STRUKTUR ZU WOHNEN!

... DU MUSST VERSTEHEN, DASS MEINE ZENTRALE IDEE DER DEINEN GENAU **ENTGEGENGESETZT** IST! VON DIR – UND **FREGE** NATÜRLICH – VERWENDE ICH NUR EIN PAAR METHODEN!

DEIN **SCHEITERN**, DER **LOGIK** FESTE **GRUNDLAGEN** ZU VERSCHAFFEN, ERKLÄRT SICH AUS DEREN NATUR.

DU KANNST NICHT „ÜBER" LOGIK SPRECHEN! LOGIK ...

... SPIEGELT SICH NUR!

NUN MAL EINS NACH DEM ANDEREN, ALTER JUNGE!

Nicht leicht, jemandes „endgültige Lösung aller philosophischen Probleme" zu verdauen ...

... vor allem, wenn dies die endgültige Verneinung des eigenen Lebenswerks bedeutet!

UND SAG MAL, MACHT DEIN BUCH AUCH DER MATHEMATIK EIN ENDE?

ACH, MATHEMATIK IST EIN RECHT NÜTZLICHES WERKZEUG. IHR JEDOCH EINE ...

...„UNABHÄNGIGE EXISTENZ" ZUZUBILLIGEN, IST IRRSINN!

DAS ZU TUN BRINGT **MISSGEBURTEN** HERVOR!

„DIE MENGE ALLER MENGEN" ZUM BEISPIEL ...

... ODER DAS SOGENANNTE „UNENDLICHE"!

WIR **BRAUCHEN** KEINE MENGEN! UND ZU SAGEN „X GILT FÜR UNENDLICH", IST EBENSO UNSINNIG WIE JEDWEDE AUSSAGE „ÜBER DAS UNIVERSUM"!

FALSCH! HIER KOMMT EINE NICHT UNSINNIGE: „IM UNIVERSUM GIBT ES MINDESTENS DREI DINGE."

ZUM BEWEIS SCHAU DIR ...

259

... DIESEN AST AN: ER HAT NOCH **DREI** BLÄTTER, ALSO „GIBT ES MINDESTENS DREI DINGE IM UNIVER-SUM"!

NEIN, NEIN, NEIN! VÖLLIG FALSCH! DU KANNST SAGEN „ES GIBT MINDESTENS DREI BLÄTTER AN **DIESEM** BAUM"...

... ABER NICHT, „IM UNIVERSUM"! DIE LOGIK LÄSST DAS NICHT ZU, WEIL DU DAS UNIVER-SUM NICHT ABBILDEN KANNST!

DU HÄTTEST DOCH DURCH DIE PARADOXA GEWARNT SEIN MÜSSEN, RUSSELL!

LOGIK IST INHALTSLEER ... SIE SAGT NICHTS ÜBER DIE WIRKLICHKEIT!

WENN DU **BLOSSE** FORM ETWAS ZUM INHALT SAGEN LÄSST, ERHÄLTST DU NICHTS ALS QUATSCH!

UND WAS IST MIT DER AUSSAGE „MORGEN WIRD'S ENTWEDER SCHNEIEN ODER NICHT"? „BLOSSE FORM" - O.K.! ABER ABSOLUT WAHR!

SCHON, ABER SIE SAGT UNS NICHTS ÜBER DAS MORGIGE WETTER!

Da hatte ich den Salat: zwanzig Jahre Schweiß, bloß um die Existenz einer Tautologiemaschine zu rechtfertigen!

MEIN BUCH GRENZT **SPRACHE** EIN. UND DAMIT DAS **DENKEN.**

ABER EI-GENTLICH GEHT ES UM ETWAS ANDERES ...

... DARUM, WIE WIR LEBEN.

... UND **DARÜBER** KÖNNEN WIR NICHTS SAGEN.

ALL DIE WISSENSCHAFT-LICHEN ERKENNTNISSE REICHEN NICHT AUS, DEN SINN DIESER **WELT** ZU VERSTEHEN. DAZU MÜSSEN WIR UNS **AUS-SERHALB DER WELT** STELLEN!

OHNE **SPRACHE** ODER **DENKEN,** WIE SOLLEN WIR DA IRGENDET-WAS VERSTE-HEN?

WER WEISS, VIELLEICHT DURCH **PFEIFEN?**

KHT.

PHT.

ES IST ZU **KALT** ZUM PFEI-FEN, RUSSELL.

VIEL ZU KALT!

6. UNVOLLSTÄNDIGKEIT

WELCOME BACK, CHRISTÓS!

AUF GEHT'S, ZUR LETZTEN RUNDE, ZUR AUFLÖSUNG DES GANZEN.

INTERESSANTERWEISE WAR ARISTOTELES' WORT DAFÜR GANZ EINFACH: „LÖSUNG".

SEHR WITZIG ...

ALSO, WIR HABEN GESEHEN, WIE SEHR RUSSELLS TRAUM VON GEWISSHEIT ERSCHÜTTERT WURDE DURCH DEN „TRACTATUS LOGICO-PHILOSOPHICUS" ...

... DER FINDET SICH ÜBRIGENS IN MEINER „TOP TEN"-LISTE DER WEIT ÜBERSCHÄTZTEN BÜCHER!

DABEI BEHANDELT ER DOCH DEN KNACKPUNKT DEINES THEMAS „REALITÄT GEGEN PLAN" ...

... ODER, WIE ICH ES FORMULIEREN WÜRDE, „DAS KONKRETE GEGEN DAS ABSTRAKTE".

SAG MIR NICHTS GEGEN DAS ABSTRAKTE! IN DIESER STORY IST ES VON ÄUSSERSTER WICHTIGKEIT!

GENAU. UND DESHALB MACHEN WIR WEITER MIT ...

JA, ABÄR NUR EINE STUND'! ANNE ERWARTET UNS SSUR SCHENERAL-PROB' VON DIE „ORESTIE".

Nach dem Krieg war alles anders – und das nicht bloß für mich.

Nichts war mehr so wie zuvor ...

UND DAS SOLL *KUNST* SEIN?

MONSIEUR, SEIEN SIE ZEUGE DER **SCHÖPFUNG** EINES GEDICHTES!

GENAU GESAGT: „KUNST, DIE KUNST VER-NEINT"!

LOS GEHT'S ...

WAS UM HIMMELS WILLEN SOLL DAS?

SCHHHH...

VOILÀ!

!

„ELLENBOGEN KNIE WIND LUFTIG ROHR VERSAGER WINTER FLUCHT RUCK INTERREGNUM FEZ".

KUNST KOPIERT DAS LEBEN, *MONSIEUR* ...

... EIN ZUFALLS-MISCH-MASCH!

WENN DAS **KUNST** IST, BLEIB ICH BEI MATHE-MATIK!

Prämisse: Die alte Welt hat einen abscheulichen Krieg hervorgebracht.

Schlussfolgerung: Die Werte der alten Welt und die Kunst, die diese verkörpert hat, müssen zerstört werden.

DADA!

!

... das Argument hatte einiges für sich!

GESCHICHTE IST GESCHICHTE.

VON EINEM IDIOTEN ERZÄHLT, MON CHER, BESAGT SIE NICHTS!

HUMPTY-DUMPTY SASS AUF EINEM DADA HUMPTY-DUMPTY HATTE DADA.

Ich sah die alte Welt mindestens so kritisch wie der zornigste Künstler.

Aber ich hatte Angst vor der Lücke, die ihr Tod hinterließ ...

... eine willkommene Einladung an alles Irrationale.

W. B. Yeats' Zeilen gaben meine Sorge perfekt wieder.

„Die Welt zerfällt, die Mitte hält nicht mehr ..."

„... und Bahn bricht sich nun nackte Anarchie."

Wittgensteins „Tractatus" wurde 1922 veröffentlicht.

Obwohl er nicht gerade ein Bestseller war, begann sein Einfluss zu wachsen.

Diejenigen, denen am Thema gelegen war, schenkten ihm verstärkte Aufmerksamkeit.

Allen voran mein alter Freund Moore, der mich einst in die Logik eingeführt hatte.

DER „TRACTATUS" BEHANDELT DIE PROBLEME DER LOGIK ...

... UND LÖST SIE!

JA, SO WIE ALEXANDER DEN GORDISCHEN KNOTEN „LÖSTE" – MIT DEM SCHWERT!

WAS IN ZWEITAUSENDDREIHUNDERT JAHREN AUFGEBAUT WURDE, VERWIRFT ER IM HANDUMDREHEN!

ER BEHAUPTET, DASS LOGIKER VON ARISTOTELES BIS ZU DEINER WENIGKEIT BLOSS AUSGEKLÜGELTE WEGE GEFUNDEN HABEN, „DAS GLEICHE MIT ANDEREN WÖRTEN ZU SAGEN"...

... TAUTOLOGIEN!

WHITEHEAD UND ICH HABEN MEHR ALS TAUSEND SEITEN GEBRAUCHT, UM DER LOGIK GRUNDLAGEN ZU VERSCHAFFEN UND ...

... UM ZU VERSUCHEN, DER LOGIK GRUNDLAGEN ZU VERSCHAFFEN!

ENTSCHULDIGE MAL, ABER ICH FINDE, WITTGENSTEIN SPIELT MIT GEZINKTEN KARTEN! DIESES „ALLES BLOSS TAUTOLOGIE" SCHMECKT MIR DOCH SEHR NACH METAPHYSISCHEM UNSINN!

ACH? BIST DU SICHER, DASS DEINE REAKTION NICHT NACH „SAUREM APFEL" SCHMECKT?

Und dennoch, trotz meiner Zweifel an seiner Logik war meine Bewunderung für Wittgensteins Integrität ungebrochen.

HA HA HA HA

WAS GIBT'S ZU LACHEN, LIEBLING?

DER KERL ÜBERBIETET SICH SELBST AN SKURRILITÄT!

... GIBT SEIN **GEERBTES RIESENVERMÖGEN** AN SEINE **SCHWERREICHEN SCHWESTERN** WEITER!

HÄTTE ER NICHT JEMAND FINDEN KÖNNEN, DER ES NÖTIGER HAT?

„GELD MACHT KORRUPT", FINDET ER, „DARUM GIBT MAN ES AM BESTEN DENEN, DIE **SCHON** KORRUPT SIND!" HA, HA!

UND HÖR DIR **DAS** AN: NACHDEM ER „**ALLE PROBLEME DER PHILOSOPHIE GELÖST**" HAT, WILL ER JETZT **LEHRER** WERDEN!

SCHULLEHRER?

JA. ER HAT IRGEND SO EIN **GOTTVERLASSENES KAFF** FÜR SEINE **BERUFUNG** GEFUNDEN ... EIN DORF IN DEN **ALPEN** ... DAS GIBT'S JA NICHT!

WEISST DU, BERTIE, EIGENTLICH ...

... IST DAS SEHR LÖBLICH!

TJA, HOFFENTLICH SEHEN DAS SEINE **STUDENTEN** GENAUSO!

Ach so, beinahe ...

... hätte ich es vergessen: Es hatte inzwischen auch eine Veränderung in meinem Privatleben gegeben. Eine sehr angenehme Veränderung ...

... zumindest am Anfang.

Mein neue Frau, Dora, teilte mein Interesse am Wohlergehen jenes mitgliederstärksten aller Vereine: der Menschheit.

... dem übrigens ein Neuzugang unmittelbar bevorstand.

PROFESSOR RUSSELL?

GRATULIERE! ES IST EIN **JUNGE**!

EIN ... EIN ... JUNGE?

Die Segnungen der Philosophie hatten mich auf solche Freuden nicht vorbereitet ...

♫ DIEDELDUM UND DIEDELDEI BEENDEN IHR GEPLA-APPER

DENN DIEDELDUM KLAUT DIEDELDEI DEM RUSSELL SEINE KLA-AP-PER.

... die sich, wie alle Freuden, als nicht ungetrübt erwiesen!

WAAAH WAAA! WAAAA!! WAAAAAA

LIEBLING ...

MHM?

WAAAAAAH!

IST ES IHM ZU KALT?

... ODER ZU WARM?

DIE TEMPE-RATUR IST GENAU RICHTIG!

WAAAAAAH!

OB ER WOHL HUN-GER HAT?

ER HAT DOCH GERADE WAS GEKRIEGT!

WWAAAAAAAAAAAAAAAAA

ICH GUCK MAL NACH!

O MANN!

AAHHHH EIAPOPEIA

Wie stets in meinem er-wachsenen Leben suchte ich Beistand bei der Vernunft.

HMMM... DAS IST INTERES-SANT ...

Die neu begründete Wissenschaft der Psychologie schien einen Ausweg zu bieten.

In der Tat, die Zeit schien günstig für eine Erweiterung meines logizistischen Projekts.

Eine Gruppe von Visionären in Wien hatte ein Manifest verfasst, das zu „einer wissenschaftlichen Weltauffassung" aufrief ...

... ein Versuch, die Hilfsmittel der Logik, der Mathematik und der empirischen Wissenschaften auf das Studium menschlichen Verhaltens anzuwenden.

Trotz des Scheiterns meines eigenen logischen Werkes hatte ich ...

STOPP MAL!

IHR KÖNNT **RUSSELLS** BEITRAG ZUR LOGIK NICHT ALS „GESCHEITERT" BEZEICHNEN ... AUF KEINEN FALL!

DAS 'AT **ER** SELBST GESAGT!

ABER DIE „**PRINCIPIA**" SIND DIE GRUNDLAGE FÜR **ALLES**, WAS DANACH GEKOMMEN IST!

ABER...

MHM ...

O.K., LASS UNS DAS IN BERTIES REISE NACH **WIEN** MIT REINPACKEN!

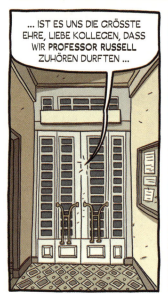

... IST ES UNS DIE GRÖSSTE EHRE, LIEBE KOLLEGEN, DASS WIR **PROFESSOR RUSSELL** ZUHÖREN DURFTEN ...

... DER DEN GRUNDSTEIN ZU EINER **LOGISCHEN SPRACHE** GELEGT HAT, DIE EINE **WISSENSCHAFTLICHE WELTAUFFASSUNG** ERST ERMÖGLICHT! **SEINE** BAHNBRECHENDE VISION HAT DIE ARBEIT UNSERES **KREISES** EBENSO INSPIRIERT ...

... WIE DIE WERKE UNSERER VEREHRTEN ALTEN HERREN **FREGE** UND **WITTGENSTEIN**!

?

AUCH SEIN MÜNDLICHER VORTRAG IST ÄUSSERST INSPIRIEREND!

EXZELLENTER VORTRAG, HERR PROFESSOR!

THANK YOU!

SAGEN SIE, SCHLICK ...

KÖNNTEN SIE MIR GENAUER ERLÄUTERN, WIESO SIE WITTGENSTEIN ALS „ALT" BEZEICHNEN?

NUN, ER IST ALT!

Für die Mitglieder des Wiener Kreises war Wittgenstein eine Legende.

Und sein Bild in diesem Kreis entsprach, wie das aller Legenden, kaum der Wahrheit!

DARF ICH IHNEN EINEN JUNGEN KOLLEGEN VORSTELLEN?

HERRN KURT GÖDEL!

HABE DIE EHRE, HERR PROFESSOR.

ICH SITZE AN MEINER DOKTORARBEIT IN LOGIK. DAHER MEINE FRAGE: IN DEN GESAMTEN „PRINCIPIA" ERWÄHNEN SIE NICHT EIN EINZIGES MAL ...

DEN „GESAMTEN"? WOLLEN SIE BEHAUPTEN, SIE HABEN SIE GANZ GELESEN?

SEITE FÜR SEITE! WIE KÖNNTE ICH SONST ETWAS DARÜBER SAGEN?

HIMMEL, SIE HÄTTEN EIGENTLICH EINEN ORDEN VERDIENT ...

OBWOHL - ICH WÜSSTE GAR NICHT GENAU, WOFÜR!

ZUR SACHE: IM GESAMTEN BUCH FINDET SICH KEINE KLARE AUSSAGE ZU SEINER GRUNDLEGENDEN ANNAHME!

OH? UND WIE LAUTET DIE?

NUN, SELBSTVERSTÄNDLICH, DASS DIE WAHRHEIT - ODER FALSCHHEIT - JEDER LOGISCHEN BEHAUPTUNG THEORETISCH BEWIESEN WERDEN KANN!

SICHER, DAS IST DIE GRUNDLAGE DER LOGISCHEN BETRACHTUNGSWEISE, ODER?

DASS ETWAS WAHR IST, IST GLEICHBEDEUTEND MIT SEINER BEWEISBARKEIT!

SIE SETZEN ES VORAUS, ALS AXIOM?

N–NEIN ... ICH VERMUTE, ES ENTSPRICHT EINFACH DEM WESEN EINES LOGISCHEN SYSTEMS. WIE DER ALTE HILBERT SAGTE: „IN DER MATHEMATIK GIBT ES KEIN ‚IGNORABIMUS'!"

MÜSSTE DAS ABER NICHT BEWIESEN WERDEN?

Die Fragen dieses jungen Mannes versetzten mich wieder in meine philosophische Anfangszeit ... und sie machten mir schmerzhaft bewusst, dass sich im Zentrum meiner Suche eine Lücke befand. Eine Lücke, die ich mein gesamtes Leben über zu füllen versucht hatte - an diesem Vorhaben war ich gescheitert!

JETZT ZUFRIEDEN?

MIT DEM „GESCHEITERTEN" RUSSELL?

EGAL, ICH AKZEPTIER SEIN GEJAMMER, SOLANGE EINS KLAR BLEIBT: OHNE DIE KÄRRNERARBEIT SEINER „PRINCIPIA" HÄTTE GÖDEL NIEMALS SEINE FRAGEN STELLEN KÖNNEN!

NUN, RUSSELL HAT IHM NICHT VIELE ANTWORTEN GEGEBEN ... SONST ÜBRIGENS AUCH NIEMAND!

UND DESHALB MUSSTE ER ES SELBST RAUSKRIEGEN!

Beseelt durch den Optimismus des Wiener Kreises, trat ich die Heimreise an.

Dabei machte ich Station bei einem alten Freund.

FRAU FREGE?

... DA IST ER, BEI SEINER „LOGIK", STÄNDIG ...

WIE SCHÖN, SIE IMMER NOCH BEI DER ARBEIT ZU SEHEN, HERR PROFESSOR!

JA, JA, ICH MUSS WEITERMACHEN! DIE GEFAHR IST ZU GROSS!

OH ...

... WELCHE „GEFAHR" MEINEN SIE?

DIE JÜDISCHE NATÜRLICH!!!

ICH BEWEISE ES, REIN LOGISCH ... ZWINGENDE SCHLUSSFOLGERUNG ... UNTERGRABEN DIE GRUNDFESTEN DER NATION ... WIR MÜSSEN UNS WEHREN ... SIE VOM VOLKSKÖRPER AUSSCHLIESSEN... ALLE MITTEL SIND ERLAUBT FÜR EINE NEUE GESELLSCHAFT ...

„Logik ist ein Werkzeug ..." - meine eigenen Worte.

Wie bei einem Messer, mit dem man schneiden kann - oder töten!

275

Freges paranoide Vision war so was wie eine krankhafte Variante eines alten Themas:

HILFE! HEE-EELFT MIR!

BIST DU SICHER, DASS IHM *NICHTS PASSIEREN* KANN?

MHM.

„Aus schlechten Eiern lässt sich kein gutes Omelett machen."

Aber obwohl ich seine rassistischen Auswahlkriterien völlig missbilligte ...

HIL ... GURGEL ... HILF ...

ER SCHAFFT DAS SCHON ... ... ER MUSS BLOSS DIE PANIK ÜBERWINDEN.

... von einer besseren Welt träumte auch ich ...

... ICH KOMME, KLEINER!

HILFE!

WAS ZUM ...

SCHLUCHZ ...MAMA... SCHLUCHZ

MUSSTE DAS DENN *UNBEDINGT* SEIN?

?

ER WÄR BESTENS DAMIT KLARGEKOMMEN ...

TUT MIR LEID! WENN ER DAS NÄCHSTE MAL ERTRINKT, **LASS** ICH IHN!

... UND HÄTTE WAS DARAUS GELERNT!

Es ist ein alter Hut: Instinkt, Gefühle und Gewohnheiten setzen sich immer durch bei den Menschen!

276

Mit anderen Worten: Geh von den falschen Voraussetzungen aus, und die Logik wird zum Handlanger des Henkers - wie in Freges grausigen Theorien. Oder, sonst, zum idealen Helfer von Idioten.

Wie also kriegen wir das „verfaulte Holz der Menschheit" wieder hin? Wie beheben wir, was Instinkt, Gefühle und Gewohnheit angerichtet haben?

Für mich gab es da nur eine wenn auch wenig überraschende Antwort: Erziehung.

Aber wie sollte die aussehen?

Mein philosophischer Erbe hatte seine eigene Vorstellung ...

ES IST DOCH SONNENKLAR, WIE DAS GEHT!

ALSO ... ÄHHH ...

DU KENNST DIE HILFSMITTEL: ZIRKEL UND LINEAL! ALSO, SAG SCHON!

ÄH ... ICH ... ICH ... ZIEH EINE LINIE VON ... WINKEL „B".

ACH, „EINE LINIE", JA! ABER WELCHE LINIE?

DIE ... HÖ-HÖHE ...

NEIIIIN! ZUM TAUSENDSTEN MAL!

WELCHE LINIE???

ÄHM ... ÄH ... HERR WITTGENSTEIN, DIE ... DIE ...

NICHT DIE **GEOMETRIE** IST ES, DIE SICH ZU EUCH HERAB BEGEBEN WIRD, IHR **HIRNLOSEN KREATUREN**! IHR MÜSST EURE VERDAMMTEN **HOLZKÖPFE** AUF IHR NIVEAU EMPORHEBEN!!!

?

DREI ... VIER ...

AA ... AAH ...

WUSCH WUSCH

Letztlich hat Wittgenstein wohl nur eine Idee zur Erziehung beigesteuert – eine neuartige Anwendung des Lineals in der geometrischen Beweisführung!

NA JA, SO NEU IST DAS NICHT...

STIMMT! DESHALB WURDE ER AUCH NACH WIEDERHOLTEM „**OHRZIEHEN**", „**HAARZWIRBELN**" UND „**PRÜGELN**" VON SEINEM POSTEN SUSPENDIERT.

KLINGT **LOGIESCH**, FIND ISCH!

RUSSELL, DER EINGEFLEISCHTE **ERNEUERER**, WAR NATÜRLICH WEIT DAVON ENTFERNT, **DIESE ART** VON ERZIEHUNG ZU AKZEPTIEREN!

Mittlerweile war ich davon überzeugt, dass die Fortschritte auf dem Gebiet der Psychologie einen Ausweg boten ...

... hin zur perfekten Möglichkeit, aus faulen Eiern Gutes zu zaubern!

WILLKOMMEN IN BEACON HILL

LIEBE FREUNDE, WIR WERDEN IHNEN NUN ZEIGEN, WIE ...

... DIE **SCHULE** VON **MORGEN** AUSSIEHT!

KLATSCH
KLATSCH
KLATSCH
KLATSCH

... UND DIES HIER IST DER KUNSTRAUM ...

TOLL!

SCHAU, WILBUR! **BUNTSTIFTE!**

OH, MR **RUS-SELL**, WAS HAT SIE BLOSS AUF DIESE **GÖTTLICHE IDEE** GEBRACHT?

MR RUSSELL IST EIN **GENIE**, LIEBES!

WIR WOLLTEN **UN-SERE** KINDER EINFACH NICHT DEM **SYSTEM** AUSSETZEN, DAS DEN KRIEG HERVORGE-BRACHT HAT!

Die Aufgaben in unserer nagelneuen Schule teilten Dora und ich unter uns auf.

HEUTE WOLLEN WIR MIT DER **GEOMETRIE** BEGINNEN, DIE ICH, SO WIE IHR JETZT, BEREITS ALS KLEINER **JUNGE** KENNENLERNTE ...

ACH, WAREN SIE DENN NICHT **IMMER SCHON** ALT?

HA
HA
HA
HA

SEHT IHR? ZWEI DIA-METRAL ENTGEGENGESETZ-TE METHODEN VON **ERZIEHUNG**, AUTORITÄR UND MIT FESTEN REGELN BEI WITTGEN-STEIN ...

EHER MIT FESTEM LINEAL ...

DIE BEID' METHOD' WARE GLEICH!

... UND VÖLLIG **ANTIAUTORITÄR** BEI **RUSSELL**, OHNE ERFOLG DIE EINE WIE DIE ANDERE ALLERDINGS!

ACH?

JA ... BEID' WOLLEN **ALLES MIT DEM GE'IRN 'INKRIEGEN!**

WO-MIT DENN SONST?

?

NIX FÜR UNGUT.

ÜBRIGENS, RUS-SELLS **SOHN** ENDETE IN DER **SCHIZOPHRENIE**, UND SEINE ENKELIN BEGING SPÄ-TER **SELBSTMORD**.

ILS SONT FOUS CES LOGICIENS!*

UND DANN ERST HILBERTS SOHN ...

WAS NUN DEN BEWEIS BETRIFFT, DER SICH MIT EINER UNABHÄNGIGEN AXIOMATISCHEN GRUNDLAGE AUF DAS RUSSELL-WHITEHEAD-SYSTEM ...

VATER ... DIE WOLLEN...

* DIE SPINNEN, DIE LOGIKER!

Doch zurück zur Logik. Denn während ich mit der Erziehung rumexperimentierte, erreichten Logiker, ausgehend von unseren „Principia", den Gipfel des mühevollen Wegs hin zum Traum meiner Jugend ...

... nämlich Mathematik auf absolut gesichertes Wissen zu stützen, das unterste der kriechenden Biester ...

... auf ein Fundament aus *Granit* zu setzen!

GENAU, UND OHNE DIE ABSTRAKTE SPRACHE DER „PRINCIPIA" WÄRE DAS EINE SEIFENBLA-SE GEBLIEBEN!

... obwohl ich immer noch das Gefühl hatte, versagt zu haben!

Getreu dem Geist seiner Pariser Rede von 1900, die auch mich mächtig inspiriert hatte, ließ David Hilbert nicht davon ab, als Hohepriester dieses Kampfes aufzutreten.

Er verbreitete seine Botschaft auf allen erdenklichen Wegen ...

... einschließlich auf dem der gerade erfundenen Radiotechnik!

DANK DER HILFS-MITTEL DER NEUEN LOGIK WERDEN WIR ENDLICH DEN GRUNDSTEIN UNSERER WIS-SENSCHAFT LEGEN ...

... DIE BEWEIS-BARKEIT JEDES MATHE-MATISCHEN SATZES – ODER SEINE NEGATION!

... DAS PESSIMISTISCHE "IGNORABIMUS" GILT NICHT FÜR UNS! UNSER SCHLACHTRUF LAUTET ... "IGNORABIMUS" NIEMALS!

... WIR MÜSSEN WISSEN, WIR WERDEN WISSEN!!!"

Seine Botschaft hatte unter anderem meine kürzlich gemachte Bekanntschaft inspiriert - Gödel sollte ...

... als Redner bei der nächsten am Sitz des Wiener Kreises veranstalteten Logik-Konferenz auftreten.

HALLO, **SCHLICK**! HABEN SIE MITTLERWEILE **WITTGENSTEINS** WAHRES ALTER RAUSGEKRIEGT?

HA, HA ... ER KOMMT BALD NACH WIEN ZURÜCK, DANN WERDEN WIR DAS „EMPIRISCH BEOBACHTEN"!

... DARF ICH IHNEN EINEN BRILLANTEN JUNGEN KOPF VORSTELLEN ...

... HERRN DR. VON NEUMANN.

HABE DIE EHRE, HERR PROFESSOR!

WIESO SCHÄTZT IHR JUNGEN KERLE EIGENTLICH SOWOHL MICH WIE WITTGENSTEIN? SO UNTERSCHIEDLICH, WIE WIR ÜBER **MATHEMATIK** DENKEN?

KANN SEIN, DASS DER NÄCHSTE REDNER DAS PENDEL IN **IHRE** RICHTUNG AUSSCHLAGEN LÄSST!

ACH JA?

... ES HEISST, ER HABE DAS **ZWEITE HILBERT'SCHE PROBLEM** GELÖST: „DIE WIDERSPRUCHSFREIHEIT UND **VOLLSTÄNDIGKEIT** DER ARITHMETIK" UND DAMIT ...

... ZUGLEICH DER GESAMTEN MATHEMATIK!

DU LIEBER GOTT!

Die Spannung in Erwartung des Vortrags von Kurt Gödel hätte nicht größer sein können.

PROFESSOR HILBERT, PROFESSOR RUSSELL, VEREHRTE KOLLEGEN, ICH WERDE ZU IHNEN SPRECHEN ÜBER ...

ER IST PLATONIKER, LICHTJAHRE ENTFERNT VON WITTGENSTEIN!

... MEINE ERFORSCHUNG DER BEWEISBARKEIT ARITHMETISCHER BEHAUPTUNGEN.

WIE SIE GLAUBT ER, LOGIK SEI EIN ABBILD DER WAHRHEIT IN IHRER HÖCHSTEN FORM!

DIE STARKEN METHODEN DER „PRINCIPIA" ERLAUBEN UNS, ZUM ERSTEN MAL IN DER GESCHICHTE, VON EINER „KORREKT GESTELLTEN FRAGE" IN DER MATHEMATISCHEN THEORIE ZU SPRECHEN ...

... UND, DARAUS FOLGEND, ZU FRAGEN: „IST EINE KORREKT GESTELLTE MATHEMATISCHE FRAGE NOTWENDIGERWEISE ZU BEANTWORTEN?"

KEINE FRAGE!

ANDERS GEFRAGT: „IST JEDE MATHEMATISCHE BEHAUPTUNG BEWEISBAR, ENTWEDER ...

... DIE BEHAUPTUNG SELBST ODER - WENN SIE ETWAS FALSCHES BEHAUPTET - IHR GEGENTEIL?"

AUF DIESE ABSOLUT GRUNDLEGENDE FRAGE HABE ICH DIE ANTWORT GEFUNDEN.

SIE LAUTET ...

„Das war's!" John von Neumanns Kommentar fasst das Wesentliche von Gödels Beweis perfekt zusammen.

Ich weiß, das mag für Laien schwer zu verstehen sein ...

... aber für eine Menge sehr intelligenter Menschen bedeutete der Unvollständigkeitssatz das Ende eines Traums!

Dieser Traum hatte theologische Wurzeln. Sein Credo war zweieinhalb Jahrtausende zuvor niedergeschrieben worden, auf Griechisch!

Und jetzt war den Träumern mit einem Schlag der Boden unter den Füßen weggezogen worden.

HERR PROFESSOR, SOLLEN WIR SIE INS HOTEL BRINGEN LASSEN?

Das ist die Schönheit von Mathematik und ihr Schrecken ...

LASS IHN ...

Um einen Beweis kommt man nicht herum ...

... selbst wenn der beweist, dass etwas nicht zu beweisen ist!

ALSO DANN ... „DAS WAR'S", JA?

NUN, DAS WAR VON NEUMANNS ERSTE REAKTION ... SPÄTER STELLTEN DIE DINGE SICH VÖLLIG ANDERS DAR!

DIE REISE DURCHS REICH ABSTRAKTEN DENKENS, VON ARISTOTELES ÜBER BOOLE BIS HIN ZU GÖDELS SATZ FÜHRTE LETZTLICH SOGAR ZU EINEM NEUANFANG, DER ...

ALSO, BEVOR WIR AN EINEN „NEUANFANG" AUCH NUR DENKEN - WIR MÜSSEN NOCH ETLICHES ZU ENDE BRINGEN!

Als hätte Gödels Beweis nicht schon gereicht, ereilte meine Wiener Bewunderer schon bald ein erneuter Schlag, der der Schande den Schimpf folgen ließ ...

... und das Bild totaler Bewunderung, das sich der Kreis von meinem Erzrivalen gemacht hatte, völlig zerstörte.

... GESCHRIEBEN UNTER DEM EINDRUCK IHRES „TRACTATUS" ...

... DER SO EINZIGARTIG IN SEINEM LETZTEN SATZ GIPFELT ...

... ZUR FEIER UNSERES ERSTEN TREFFENS ÜBERREICHEN WIR IHNEN UNSER „MANIFEST EINER WISSENSCHAFTLICHEN WELTAUFFASSUNG".

... „WOVON MAN NICHT SPRECHEN KANN, DARÜBER MUSS MAN SCHWEIGEN."

WOBEI „SPRECHEN" NATÜRLICH „LOGISCH SPRECHEN" BEDEUTET!

IHRE ARBEIT GAB UNS DIE MITTEL, RELIGION, METAPHYSIK, ETHIK ETC. AUS DEM RATIONALEN DISKURS ZU VERBANNEN.

DA „WOVON NICHT LOGISCH GESPROCHEN WERDEN KANN" IM WÖRTLICHEN SINNE „UN-SINN" IST ...

... UND, OFFENSICHTLICH, UNTER DER WÜRDE ERNSTHAFTER GEMÜTER ...

NUN MAL LANGSAM!

SIE HABEN DEN „TRACTATUS" JA VÖLLIG MISSVERSTANDEN!

DAS ENTSCHEIDENDE IST DOCH DAS GENAUE GEGENTEIL:

DIE DINGE, ÜBER DIE MAN NICHT LOGISCH SPRECHEN KANN ...

... SIND DIE EINZIGEN, DIE WAHRHAFT WICHTIG SIND!!!

Obwohl die Diskussionen mit ihm immer laut und heftig verliefen, ließ Wittgenstein sich zum Glück nie dazu hinreißen, physische Gewalt anzuwenden ...

... zumindest nicht seinen Kollegen gegenüber!

... Weg frei den ♪ braunen Bataillonen ... die Fahne hoch, die Hoffnung ♪ von Millionen!

Oh, hätte man das doch auch von den Jüngern des Irrationalen in seiner neuesten Gestalt sagen können!

HE! DA IST EIN JUD'!

ZEIGT'S DEM HUND!

ICH WERD DICH ARISCHE „MORES" LEHREN!

?

Je größer der Einfluss der Nazis wurde, desto häufiger ereigneten sich Vorfälle wie dieser im angeblich noch demokratischen Österreich ...

... und dagegen waren selbst die größten Köpfe unserer Zeit hilflos.

NÄCHSTES MAL KOMMST DU NICHT SO LEICHT DAVON!

ENTSCHULDIGUNG ... ABER WARUM HABEN ...

OY... OY...

IS WAS, DU SCHWUCHTEL? IST DER JUD' DEIN LIEBCHEN?

NEIN ... ICH ... NEIN ...

1935 erfuhr ich, dass Gödel unter schweren Depressionen litt.

Das überraschte mich nicht.

Ebenso wenig, leider, wie der dritte und eindeutig schwerste Schlag.

HERR PROFESSOR **SCHLICK**?

Der tragische letzte Akt in der kurzen Geschichte des Wiener Kreises spielte sich am 22. Juni 1936 ab.

ICH HABE EIN **GESCHENK** FÜR SIE!

WAS ...

PENG PENG PENG

Die Naziblätter verbreiteten, die rationalistische Weltauf-fassung des Kreises hätte sich an „heiligen deutschen Werten" vergriffen ...

... und Schlick hätte bekom-men, was er verdient hatte.

Der Mörder war ein Anhän-ger des neuen teutonischen Gottes ...

... Herrn Adolf Hitler.

Ich danke Ihnen, meine sehr geehrten Damen und Herren, dass Sie mich auf dieser doch recht langen Reise begleitet haben!

Diese Reise von meinen frühen Kindertagen bis heute, vom Zweifel bis zur Gewissheit ...

... und wieder zurück!

Eine Reise, die ihre frohen Momente hatte, meist jedoch von Enttäuschungen geprägt war, deren letzte in der Erkenntnis bestand, auch als Erzieher gescheitert zu sein.

Hier ist ein neues, sehr viel bittereres „Russell'sches Paradox" ...

... und dessen Hauptopfer waren, leider, meine eigenen Kinder.

DU MUSST BEGREIFEN, JOHN, DASS DIES DEINE SCHULE IST, UND ...

ABER ES IST AUCH MEIN ZUHAUSE, PAPA, UND ...

KEIN „ABER"! ES IST DEINE PFLICHT, DICH IN JENE KINDER HINEINZUVERSETZEN, FÜR DIE ICH NICHT „PAPA" BIN.

Dora und ich hatten Beacon Hill vor allem deshalb gegründet, um unseren eigenen Kindern eine gute Erziehung zu ermöglichen.

Dabei hatten wir völlig übersehen, dass wir ihnen damit beides nahmen, ihr Zuhause ebenso wie ihre Eltern!

... ES IST GESCHEITERT.

BROOM

WAS DENN, BERTIE?

WAS NICHT? DIE **SCHULE**, WIR ALS **ELTERN**, UNSERE **EHE**, UNSER ...

UNSERE **EHE**?

Vielleicht sollte ich hier erwähnen, dass meine Beziehung zu Dora in mehr als einem Punkt progressiv war.

UNSERE BEZIEHUNG IST EINE INSPIRATION FÜR **ALLE WAHRHAFT MODERNEN SEELEN**!

MHM? WAS IST, SCHATZ?

ACH, KOMM! ES IST MIR EGAL, WENN DEINE **LIEBHABER** DICH HIER *BESUCHEN* ODER HIER *ARBEITEN* ... ABER MÜSSEN SIE HIER WOHNEN?

WAS IST BLOSS IN DICH GE-FAHREN? **AUFGEKLÄRTE** LEUTE LEBTEN SCHON ZUR **ZEIT** DEINER ELTERN SO!

DEINE **ELTERN SELBER** HABEN SO GELEBT, HIMMEL NOCH MAL!!!

WEISST DU, BERTIE ... IMMER ÖFTER HAB ICH DAS GEFÜHL, DU BIST **NICHT MEHR** DER MANN, DEN ICH **GEHEIRATET** HABE!

MHM ... ICH DENKE, ICH NEHM DAS MAL ALS KOMPLIMENT!

Kurz darauf ver-ließ ich Beacon Hill ebenso wie Dora.

Ich begriff, wie mich die Theorie bei mei-nen Versuchen, die menschliche Natur umzuformen, blind gemacht hatte - und das nicht zum ersten Mal.

WENN DU DER **HUHU-HUTMACHER** BIST, WER BIN DANN ICH?

Ja, jetzt begriff ich. Die Menschheit besteht immer noch aus denselben faulen Eiern, voll von jenen Leidenschaften, die nach wie vor die üblich-üblen Omeletts hervorbringen!

Aber in der heutigen Welt gibt es ernsthaftere Probleme als meinen Familienärger.

Schließlich marschierten Hitlers Truppen vor einem Jahr in Österreich ein, um den „Anschluss" zu vollziehen ...

... die lang erwartete sogenannte „Vereinigung".

NEIIIN!

Juden

Die Juden, ebenso wie all jene, die sich gegen die Nazi-Ideologie stellen, werden seitdem gewaltsam zusammengetrieben und an unbekannte Orte verschickt.

Eine der ersten Taten der neuen Naziherrscher bestand darin, den Mörder Schlicks zu entlassen.

HEIL DIR, MÄRTYRER DES DRITTEN REICHS!!!

Dies ist ein perfektes Beispiel dafür, was die Nazis unter „Recht" verstehen, ein Verständnis, das sie zurzeit zweifellos bereits in der Tschechoslowakei und, seit drei Tagen, leider auch in Polen durchsetzen. Und wer weiß, wo als Nächstes noch?

Und so ...

... komme ich schließlich zu dem, was ich für die zentrale Frage halte:

Was ist von den Nazis zu erwarten?

Ich glaube, die Antwort hierauf sollte Ihre Haltung zum Krieg bestimmen.

Aber wie lautet die Antwort, was sind die wahren Beweggründe dieser entsetzlichen Verirrung, mit der wir da konfrontiert werden?

Das ist keine „Verirrung". Das ist das Resultat der Widersprüchlichkeit unseres ökonomischen Systems!

Genau: „Nazismus ist die höchste Form des Kapitalismus!"

Ah, verstehe.

Dann beantworten Sie mir bitte dies: Warum hat das antikapitalistische Sowjetrussland einen Pakt mit Hitler geschlossen?

Stalin hat vornehmlich den Aufbau des Sozialismus im eigenen Land im Sinn.

Aber bitte beantworten Sie meine Frage: Wie erklären Sie sich die Nazis? Mit welchen Instrumenten nähern Sie sich der Frage?

„Wie sie zu erklären sind", ist uns egal, Professor Russell! Wir halten uns einfach lieber raus aus Konflikten, die uns nichts angehen!

Nicht doch! Wir suchen Erklärungen! Mithilfe von Logik und Wissenschaft! Und die sprechen gegen den Krieg!

Ach ja, Leibniz und sein „Calculemus"!

Aber verraten Sie mir: Was sagt Ihnen Logik und Wissenschaft über die Möglichkeit, dass ganz Europa versklavt wird?

„Ganz"? Sie setzen doch wohl den Nazismus nicht gleich mit dem Kommunismus?

Na, und ob er das tut! Dieser reaktionäre Plutokrat!

Nun, beide Systeme sind Extreme. Und in einem entscheidenden Punkt stimmen beide überein ...

... in ihrer Abschaffung der Freiheit.

Ha ... „Freiheit"! Was heißt denn das?

"Freiheit zu verhungern!"

"Freiheit, unterdrückt zu werden!"

Stimmt schon: Der Luxus, die Freiheit gering zu schätzen, ist das Privileg jener, die sie bereits besitzen.

Aber ich frage Sie ...

Nein, Russell! Jetzt fragen wir Sie!

Als Sie uns zu Ihrem Vortrag baten, versprachen Sie, wir erführen etwas hinsichtlich unserer Weigerung, uns dem Krieg Englands anzuschließen ... Wir sind gekommen!

In der Tat. Danke sehr.

Und nun? Inwiefern haben Sie uns aufgeklärt?

Genau! Was hat uns Ihr Vortrag gebracht - was wir nicht *schon vorher* wussten?

Zunächst einmal, es war kein *Vortrag* ...

... sondern eine Geschichte. Die Geschichte eines Mannes, der hoffte, den Weg zu den absolut richtigen Antworten zu finden ...

Können wir bitte das Bild von Leibniz einblenden!

Auch ich träumte den Traum dieses Mannes: die perfekte logische Methode zu finden, mit der man alle Probleme lösen kann, angefangen von der Logik bis hinauf zum menschlichen Leben!

Na und? Was geht das *uns* an, dass sich „Leibniz' Traum" für *Sie* nicht erfüllt hat?

Vielleicht geht das sogar *alle* etwas an ...

„Es gibt keinen Königsweg zur Wahrheit!"

Bitte, bedenken Sie: Wenn wir uns selbst in der Logik und Mathematik, diesen Mustern gesicherten Wissens, gewisser Prämissen nicht absolut sicher sein können, um wie viel weniger können wir dies im heiklen Geschäft menschlichen Verhaltens - privaten ebenso wie öffentlichen.

Ja, aber was hat das mit dem *Krieg* zu tun?

Mit dem Krieg *direkt* ... vielleicht nichts. Aber mit der Haltung ihm gegenüber sehr viel! Oder besser, mit Ihrer Überzeugung, dass Ihre Sicht der Dinge die *absolut richtige* ist!

Aber ...

Halt! Verstehen Sie mich bitte nicht falsch: Selbst heute noch würde ich mich als Rationalist bezeichnen! Auch halte ich Logik immer noch für ein sehr nützliches Hilfsmittel ...

... in gewisser Weise.

Die Sie, wenn wir Sie richtig verstehen, für nicht sehr weise halten.

Was Fragen unserer menschlichen Existenz betrifft, in der Tat nicht! Und wenn Logik gar zu einer allumfassenden und scheinbar perfekten Theorie gerinnt, verkommt sie leicht zu einem üblen Taschenspielertrick!

In einem hat Wittgenstein ja recht: „Selbst, wenn alle möglichen wissenschaftlichen Fragen beantwortet sind, sind unsere Lebensprobleme noch gar nicht berührt!"

Aber auch dies ist wahr: So wie viele von Ihnen hier tue auch ich immer noch mein Bestes, Pazifist zu bleiben. Dennoch ...

... die Vorstellung, dass Hitler und Stalin Europa unterjochen, ist mir unerträglich!

Deshalb ersuche ich Sie alle mit Nachdruck: Denken Sie zweimal darüber nach – mindestens zweimal! –, bevor Sie sich für oder wider den Kampf gegen das Meer von Plagen entscheiden, die Europa überfluten!

Aber wenn Vernunft uns nicht zur Seite steht, wie sollen wir diese Entscheidung treffen?

Wie wär's mit der Rückkehr zur alten heiligen Dreieinigkeit von „Instinkt, Gefühl und Gewohnheit"?

Ganz genau, junger Mann! Instinkt, Gefühl und Gewohnheit sprechen dafür, uns rauszuhalten!

Nun, vielleicht ist die Zeit ja reif für eine andere alte Dreiheit: Verantwortung, Gerechtigkeit und ... einen Sinn für das Gute gegen das Böse, d.h. all jene Konzepte, die meine Wiener Freunde für „unter der Würde von ernsthaften Gemütern" erachteten.

Betrachten Sie meine Geschichte als warnende Fabel, als ein narratives Argument gegen vorgefertigte Lösungen. Sie zeigt, dass das Anwenden von Formeln nicht ausreicht – zumindest dann nicht, wenn Sie es mit wirklich großen Problemen zu tun haben!

Russell, Sie weichen immer noch der zentralen Frage aus: „Warum sollten wir uns an Englands Krieg beteiligen?"

Ich weiche nicht aus. Und ich sage nicht, Sie *sollten* sich beteiligen – oder *nicht*. Ich stecke nicht in Ihrer Haut, um Ihnen zu sagen, was Sie tun sollen. Mehr als meine Geschichte kann ich zu Ihrem Dilemma nicht beitragen. Punkt.

Aber, sehen Sie, es gibt kein Dilemma, Professor. Es ist klar: Wir sollten keinen Krieg führen, in den wir nicht direkt verwickelt werden!

Geschenkt. Das ist *eine* mögliche Antwort, *Ihre* Reaktion auf meine Geschichte ...

Aber was ist die *Ihre*, Madam?

ENDSPIEL

DER RACHEKREISLAUF BEGINNT SCHON VOR DER HANDLUNG. ATREUS IST KÖNIG VON ARGOS, DESSEN BRUDER THYESTES VERFÜHRT SEINE FRAU. ALSO ...

ACH SO, CHERCHEZ LA FEMME!

... ATREUS IST DARÜBER SOOO SAUER, DASS ER THYESTES' KINDER ABSCHLACHTET UND DIESEM ZUM FRASS VORSETZT!

WÜRG!

SORRY, LIEBE LESER, MYTHEN SIND MANCHMAL EKLIG!

NISCHT NUR DIE MYTH'. NISCHT NUR SIE!

WAS FÜR SCHÖNE ALTE 'ÄUSER!

DANN KRIEGT THYESTES NOCH EINEN SOHN, AIGISTHOS, DER ZUM VEHIKEL SEINER RACHE WERDEN SOLL.

ATREUS' SOHN AGAMEMNON OPFERT ALS FÜHRER DES FELDZUGS GEGEN TROJA SEINE EIGENE JUNGE TOCHTER ...

ISCH WEISS, IPANEMA!

... NICHT GANZ. IPHIGENIE! DESHALB TUT SICH SEINE FRAU KLYTÄMNESTRA ...

... MIT AIGISTHOS ZU-SAMMEN, IHREM LIEBHABER. GEMEINSAM TÖTEN SIE AGA-MEMNON, ALS DIESER AUS TROJA ZURÜCKKEHRT.

... UND FERTIG IST DAS ERSTE STÜCK DER „ORESTIE".

IM ZWEITEN STÜCK WIRD OREST, AGAMEMNONS SOHN, VOM GOTT APOLLO BEAUFTRAGT, SEINE MUT-TER UMZUBRINGEN, ZUR STRAFE!

WO SIND ALECOS UND CHRISTOS? DIE GENERAL-PROB' FÄNGT GLEISCH AN!

OREST IST DIE TRAGIK SEINES DILEMMAS VOLL BEWUSST: RACHE NEHMEN ODER NICHT? EGAL, WIE ER SICH AUCH ENTSCHEIDET - ER BEFÜRCHTET, DASS IRGENDEIN GOTT IHM ZÜRNT!

UND GENAU DAS TRITT EIN!

LETZTENDLICH BRINGT ER KLYTÄMNES-TRA UM, SEINE EIGENE MUTTER, UND DIE FURIEN, DIE ALTEN RA-CHEGÖTTINNEN, AUCH BEKANNT ALS „BLUTRÜNSTIGE HUNDE", VERLANGEN NACH SEINEM BLUT!

KLINGT NISCHT GERADE GUT!

BINGO! APOLLOS „RITU-ELLE REINIGUNG" KANN DEN ZORN DER FURIEN NICHT BE-SÄNFTIGEN, UND OREST LANDET HIER, IN ATHEN, ALS BITTSTEL-LER ATHENES, DER GÖTTIN DER WEISHEIT.

IN EINEM BEISPIELLOSEN AKT - ZUMAL FÜR EINE GÖTTIN - FOR-DERT ATHENE DIE BÜR-GER ATHENS AUF, SELBST ÜBER DIESEN FALL ZU RICHTEN, UND KREIERT SO DAS GESCHWO-RENENGERICHT.

AH, DA SIND SIE JA!

... NICHT DER SCHLUSS! DER SCHLUSS GE-FÄLLT MIR SOGAR RECHT GUT!

WAS DANN?

NEIN, WIRKLICH, ICH MAG IHN **SEHR**! BESONDERS, DASS **RUSSELL** SICH **WITTGENSTEINS** POSITION ANNÄHERT, ANTWORTEN AUF WIRKLICH WICHTIGE FRAGEN FÄNDEN IHRE LÖSUNG DURCH EINE BETRACHTUNG „JENSEITS VON WORTEN"...

ABER DURCH DAS BETRACHTEN DER **REALITÄT** – NICHT VON **PLÄNEN**!

WAS IST LOS?

CHRISTOS HAT EIN PROBLEM MIT DER „GRUNDLAGENSUCHE"!

FALSCH! ICH HAB **ZWEI** PROBLEME MIT EURER **VERSION** VON IHR!

ERSTENS, SIE IST NICHT GESCHEITERT ... **ZWEITENS**, ES WAR **KEINE** TRAGÖDIE!

AUCH NICHT GERAD' EINE **COMÉDIE**, ODER?

GESCHENKT, SIE HAT **TRAGISCHE MOMENTE**! ABER ES GIBT EIN **HAPPY END**, WIE IN ... IN ...

... DER „**ORESTIE**"!

„HAPPY" FÜR WEN? FÜR **CANTOR**, DER VERRÜCKT WIRD? FÜR **GÖDEL**, DER AUS **PARANOIA** VERHUNGERT? FÜR **HILBERT** ODER **RUSSELL** UND IHRE **PSYCHOTISCHEN SÖHNE**? ODER FÜR **FREGE** MIT ...

„AUF DEN **SCHLUSS** KOMMT ES AN!" DAS HAST DU SELBST GESAGT!

LASS UNS DIE „SUCHE" BLOSS **ZEHN JAHRE** LÄNGER VERFOLGEN ...

... UND IHR BEKOMMT EIN VÖLLIG NEUES, **TRIUMPHALES FINALE** ...

... MIT DEM **AUFTRITT** DES **COMPUTERS**, DEM WAHREN HELDEN DER „SUCHE"!

EUER **PROBLEM** IST EINFACH, DASS IHR DAS GANZE AUS DER **WARTE** DER BETEILIGTEN PERSONEN BETRACHTET!

NUN, GESCHICHTEN **TENDIEREN** DAZU, VON **MENSCHEN** ZU **HANDELN**!

DANN SUCHT EUCH DIE RICHTIGEN LEUTE! UND ZEIGT, WAS SIE WIRKLICH GETAN HABEN! UND NICHT BLOSS, WIE BEI VON NEUMANN, DASS ER „DAS WAR'S" GESAGT HAT, ALS ER GÖDEL ZUHÖRTE!

ABER IN GEWISSER WEISE WAR'S DAS DOCH WIRKLICH, ODER?>PLOPP<, UND ES HATTE SICH MIT HILBERTS „NO IGNORABIMUS"!

ABER DANN KAM DER *JUNGE PRIMUS* DER „SUCHE", IHR PARSIFAL ...

... ALAN TURING!

ER MEINTE, „OKAY, WIR KÖNNEN NICHT **ALLES** BEWEISEN! ALSO LASS UNS SCHAU'N, WAS WIR BEWEISEN **KÖNNEN**!" UND UM DEN **BEWEIS** GENAU EINZUGRENZEN, ERFAND ER 1936 EINE **THEORETISCHE** „MASCHINE", IN DER SICH **ALLE** IDEEN DES **COMPUTERS** FINDEN!

... DEN ER UND VON NEUMANN, DIE **STOLZESTEN** SÖHNE DER „SUCHE", NACH DEM KRIEG ZU VOLLEM LEBEN ERWECKTEN!

SELBST WÄHREND DES KRIEGS ENTFALTETEN SICH TURINGS IDEEN ...

WAU!

?

... ALS ER EINE FRÜHE VERSION SEINER **THEORIE-**„MASCHINE" DAZU NÜTZTE, DIE VERTRACKTESTEN CODES DER **NAZIS** ZU KNACKEN!

EIGENTLICH HAT DIE NEUE LOGIK ALSO DEN „KAMPF UM DEN ATLANTIK" GEWONNEN!

KLINGT **DAS** NACH „GE-SCHEITERTER" SUCHE?

NEIN, NACH **TOTALEM ERFOLG**! UND SIE **WIMMELT** NUR SO VON **HAPPY ENDS**, DEREN **SCHÖNSTES** WOHL IST, DASS HEUTE **JEDER** ÜBER DIE **HILFSMITTEL DER VERNUNFT** VERFÜGEN KANN!

MANGA, PLATZ!

NNN *NNN*

SCHLUSS JETZT!

WAU WAU

ABER BEI **COMPUTERN** KANN MAN DOCH NICHT VON „**GLÜCK**" ODER „**UNGLÜCK**" REDEN! DAS SIND **HILFSMITTEL**! SO WIE **MESSER** KANN MAN SIE ...

EINSPRUCH! DAS IN-**TERNET** IST UNSER **GRÖSS-TER HOFFNUNGSTRÄGER** FÜR **FRIEDEN, DEMOKRATIE** UND **FREIHEIT**!

VER-DAMMT!

JA, FÜR **WAF-FEN, GLÜCKSSPIEL** UND **KINDERPORNO-GRAFIE**!

ZUGEGE-BEN, DIE SA-CHE HAT **ZWEI SEITEN** ...

UND WELCHE IST DIE **RICHTI-GERE**?

WIE WÄR'S, DIE „**ATHENER GESCHWORENEN**" ENTSCHEIDEN ZU LASSEN?

HIERHER, MANGA!!!

BUUUH!!!

AAAA ...

DIE **FURIEN** HEISSEN EUCH HERZLICH WILL-KOMMEN ZUR „**ORESTIE**"!

TOLLE MASKE!

DIE **ORESTIE** SPIEGELT DIE „**SUCHE**" WIRKLICH **PERFEKT** WIDER. DORT REGIE-REN TYRANNISCHE **KÖNIGE** - HIER **HITLER**! DORT EINE AUF **RACHE** BAUENDE **ETHIK** UND WÜTENDE **GÖTTER** - HIER DER IRRSINN DES **KRIEGES** UND **RASSENHASS**!

... UND NUR **ATHENES VERNUNFT** UND DER ERFIN-DUNG DES **DEMOKRATISCHEN STAATES** IST ES ZU VERDAN-KEN, DASS DER KREISLAUF DES **MORDENS** DORT BESIEGT WIRD - UND HIER HILFT **TURING** MIT SEINER **LOGISCHEN MA-SCHINE**, HITLER NIEDER-ZURINGEN!

UND ZUM DANK WURDE TURING VON SEINE'M EIGENEN DEMOKRATISCHEN STAAT ZU „PSYCHIATRISCHER BEHANDLUNG WEGEN HOMOSEXUALITÄT" VERURTEILT, DIE IHN IN DEN SELBSTMORD TRIEB!

WIE BERTIE GESAGT 'AT: „ES GIBT KEINE PERFEKT' LÖSUNGEN!"

„KEINE VORGEFERTIGTEN LÖSUNGEN!" ... ABER ER WUSSTE DAMALS NOCH NICHTS VOM PROGRAMMIEREN, STIMMT'S?

KOMM HEEER!!!

HM ... DIE GESCHICHTE DES COMPUTERS KÖNNTE EINEN GUTEN EPILOG FÜR UNSER BUCH ABGEBEN.

DU IDIOTISCHER, GESTÖRTER KÖTER!

WAS IST DENN LOS?

BESSER NOCH EIN EIGENES BUCH, FÜR DAS DIESES HIER DER PROLOG IST!

SIEH DIR DAS AN! ER HAT DEN ARMEN VOGEL FAST UMGEBRACHT!

ICH HAB IHN GRAD NOCH GERETTET ... VORAUSGESETZT, ER ÜBERLEBT DEN SCHOCK, DEN ER ERLITTEN HAT!

HM ... DIESEN ...

... EPILOG FÄNDE ISCH INTERESSANTER ... DER 'UND, DER DEN VOGEL DER WEIS'EIT FRISST, ANGESTACHÖLT VON DIE FURIEN!

HEE, ES GEHT LOS!

LIEBE LESER ...

... ICH BIN ZU DURCHEINANDER FÜR EINEN ORDENTLICHEN ABSCHIED ...

... ALSO GIBT'S JETZT LIVE DAS FINALE EINES BEDEUTENDEREN KÜNSTLERS!

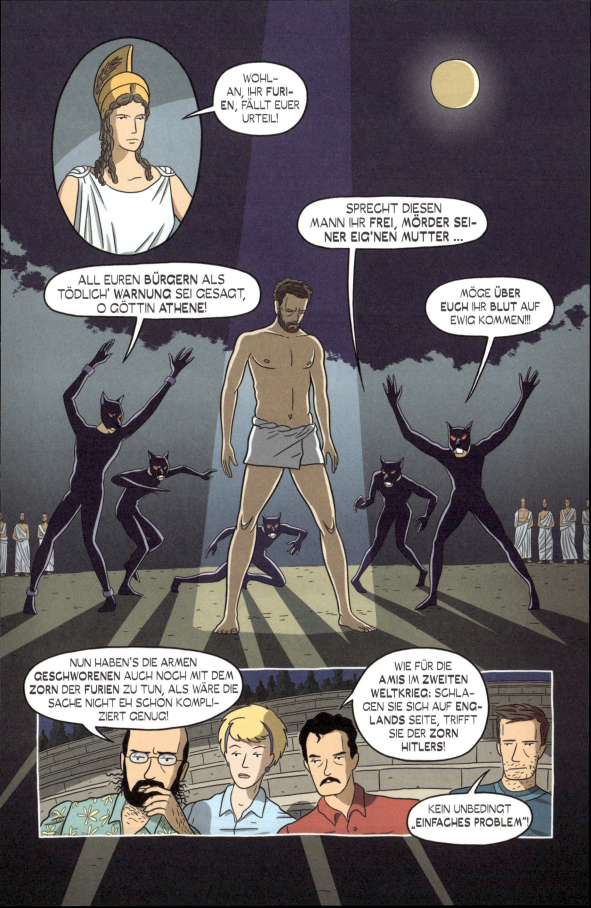

Ebi Naumann und der Verlag danken
Malte Sieveking für seine fachkundige Unterstützung
in Fragen der Mathematik und Logik

Für ihre Hilfe danken wir unseren Freunden
Aliki Chapple, Doukas Kapantais, Avraam Kawa,
Margaret Metzger, Apostolia Papadamaki, Dimitris Sivrikozis,
Chloe Theodoropoulou, Panagiotis Yiannopoulos

Logicomix **und Wirklichkeit**

Logicomix verdankt seine Entstehung der Suche nach den Grundlagen der Mathematik und deren abenteuerlicher Geschichte. Diese erlebte ihre intensivste Phase zwischen den letzten Jahrzehnten des neunzehnten Jahrhunderts und dem Beginn des Zweiten Weltkriegs. Nichtsdestotrotz und ungeachtet der Tatsache, dass es sich bei den Protagonisten grundsätzlich um Personen handelt, die wirklich gelebt haben, ist unser Buch definitiv kein geschichtliches Werk und möchte auch keines sein. Es ist nicht mehr und nicht weniger als eine Graphic Novel, ein Roman in Comicform.

Insbesondere, was die Aufarbeitung von Bertrand Russells Leben anbelangt, mussten wir uns durch einen gewaltigen Berg von Material arbeiten, um das Vorhandene angemessen auswählen, verknappen, vereinfachen, interpretieren und - nicht selten - auch ergänzen zu können. Und obwohl unsere Protagonisten ihren realen Vorbildern so sehr entsprechen wie überhaupt möglich, sind wir immer mal wieder vom Pfad der genauen Wiedergabe überlieferter Fakten abgewichen. Vorausgesetzt, das half uns dabei, unserer Erzählung ein Mehr an Klarheit und Tiefe zu verleihen. Die überwiegende Anzahl dieser Abweichungen besteht aus frei erfundenen Zusammentreffen der Protagonisten, für die es keinerlei Belege gibt. Ja - in Einzelfällen haben sie sogar nachweislich nicht stattgefunden. Allerdings spiegeln diese erfundenen Zusammenkünfte immer den jeweils aktuellen Stand der inhaltlichen Auseinandersetzung der beteiligten Denker und Wissenschaftler wider, so wie er sich in der Realität aus entsprechenden Briefen und/oder Veröffentlichungen nachweisen lässt.

Einige Beispiele solcher Abweichungen seien hier genannt: Aufgrund der vorliegenden Aufzeichnungen beziehungsweise deren Nichtvorhandensein darf davon ausgegangen werden, dass sich Russell nie wirklich mit Frege oder Cantor getroffen hat. Ebenso gibt es keine Hinweise darauf, dass er Hilberts folgenreichem Vortrag über die „Probleme der Mathematik" aus dem Jahr 1900 beiwohnte, und das, obwohl er sich mit Sicherheit nur ein paar Tage zuvor ebenso wie dieser in Paris aufgehalten hat - als Teilnehmer eines philosophischen Kongresses, auf dem er unter anderem Peano kennenlernte. Es spricht nichts dafür, dass Russell sich unter den Zuhörern befand, als Gödel seinen Vortrag zur „Unvollständigkeit" hielt - er tat es mit aller Wahrscheinlichkeit nicht, Hilbert unter keinen Umständen, ganz im Gegensatz zu von Neumann übrigens. An dessen in diesem Zusammenhang geäußertem „Das war's" gibt es keinerlei Zweifel. Russell war es darüber hinaus schlecht möglich, direkt nach Gödels Vortrag Gottlob Frege aufzusuchen, war jener zu diesem Zeitpunkt doch bereits seit sechs Jahren tot. Und obwohl der Moment, da Frege seine von fanatischem Hass getriebenen Hetzreden gegen die Juden gehalten hat, nicht mit dem in unserem Buch übereinstimmt, entspricht es wiederum absolut der Wahrheit, dass er sie ein paar Jahre zuvor tatsächlich verfasste.

Historisch gewitzte Leser werden hoffentlich ihren Spaß daran haben, diese und andere Abweichungen von den harten Fakten zu entdecken. Wir für unseren Teil nehmen die Worte für uns in Anspruch, mit denen der Maler Domínikos Theotokópoulos (genannt „El Greco") die künstlerische Freiheit begründete, die er sich in seinem Gemälde „Sturm über Toledo" genommen hatte:

> Ich hielt es für notwendig, die Ausmaße des ‚Don Juan Tavera-Hospitals' zu verkleinern, nicht nur, weil es den Eingang zu Bisagra verdeckte – seine Kuppel hätte zudem höher in den Himmel geragt als die Silhouette der Stadt. Nachdem ich es derart verkleinert und verschoben habe, halte ich es zudem für besser, seine vordere Fassade zu zeigen statt seine anderen Seiten. Was seinen tatsächlichen Standort anbelangt, so kann man ihn auf dem Stadtplan finden.

Dessen ungeachtet sei hinzugefügt: Außer den Vereinfachungen, die unumgänglich waren, um das Ganze in ein erzählerisches Werk dieser Art zu bringen, haben wir uns, was den Inhalt des großen Ideenabenteuers anbelangt, um das sich hier alles dreht, keinerlei Freiheiten erlaubt. Das gilt für seine zentrale Vision, seine Begriffsbestimmungen und Konzepte ebenso wie – und das ist noch wichtiger – in Bezug auf die untrennbar mit diesen verbundenen philosophischen, existenziellen und emotionalen Auseinandersetzungen.

Notizen

Die folgenden Notizen sind keineswegs notwendig, um *Logicomix* mit viel Freude lesen und verstehen zu können, sie sind jedoch hilfreich, wenn Sie etwas mehr über die beteiligten Personen und ihre Ideen erfahren wollen. Ist ein Name oder Begriff blau gedruckt, deutet das darauf hin, dass er als eigenes Stichwort vorkommt. *Kursiv* gedruckte Wörter sollen hervorgehoben werden bzw. handelt es sich bei ihnen um einen Terminus technicus.

Aischylos Als einer der drei großen griechischen Tragödiendichter und Vorläufer von Sophokles und Euripides gilt Aischylos als eigentlicher Erfinder der Tragödie, so wie wir sie kennen. Er war es, der die ursprüngliche dramatische Form, die sich neben dem Chor mit dem Einsatz eines einzigen Schauspielers begnügte, um einen weiteren Schauspieler ergänzte und damit zugleich die Technik des dramatischen Dialogs erfand. 535 v. Chr. in Eleusis vor den Toren Athens geboren, kämpfte er gegen die einfallenden Truppen des Darius bei Marathon (490 v. Chr.) ebenso wie gegen die des Xerxes bei Salamis (480 v. Chr.), wobei ihm die letztgenannte Schlacht als Stoff für sein frühestes, 472 v. Chr. zum ersten Mal aufgeführtes Stück *Die Perser* diente. Es sind uns die Titel von neunundsiebzig seiner Stücke überliefert, von denen jedoch nur sieben komplett erhalten sind. Drei von ihnen bilden die *Orestie*.

Algorithmus Ein methodisch aufgebautes, Schritt für Schritt genau und unzweideutig beschriebenes Verfahren, das mit einer bestimmten Eingabe (Input) ansetzt und zu dem immer gleichen, gewünschten Ergebnis (Output) führt, so es denn überhaupt endet. Obwohl es keinen Grund gibt, ein gut und genau beschriebenes Kochrezept oder eine klare Wegbeschreibung nicht auch als Algorithmus zu bezeichnen, stammt der Begriff aus der Mathematik, wo er auch heute noch am häufigsten verwendet wird. Das Wort „Algorithmus" leitet sich aus der europäischen Transskription des Namens Al-Chwarizmi ab. Dies war ein persischer Astronom und Mathematiker, der im neunten Jahrhundert in Bagdad lebte und Beispiele für diese Art von - zum großen Teil von ihm selbst erfundenen - Rechenvorgängen propagierte und katalogisierte. Sein Kompendium von Algorithmen, das *Hisab al-jabr w'al-muqabala*, gilt allgemein als die erste Abhandlung über Algebra, der darin

enthaltene Ausdruck *al-jabr* gar als Ursprung unseres Wortes „Algebra".
Ein Beispiel für einen einfachen mathematischen Algorithmus ist die bereits
in der Grundschule verwendete Addition ganzer Zahlen: „Schreibe die beiden
Zahlen so auf, dass sie rechtsbündig untereinander zu stehen kommen; ziehe
ihre jeweils letzten Ziffern zusammen; ergibt die Addition weniger als 10,
schreibe die Summe unter die beiden zu addierenden Ziffern; ist das Ergebnis größer als 10, schreibe die zweite Ziffer der Summe unter die beiden zu
addierenden Ziffern und zähle die erste Ziffer zur Summe der beiden direkt
links davon sich befindenden Ziffern hinzu ..." und so weiter. Der wahrscheinlich erste anspruchsvolle Algorithmus der westlichen Welt ist derjenige, den
Euklid in seinen *Elementen* zur Berechnung des größten gemeinsamen Tei-
lers (ggT) zweier ganzer Zahlen angibt. Mit der zunehmenden Einführung
des Dezimalsystems, das sich im starken Kontrast zum System römischer
Zahlen befand und ausgezeichnet für Berechnungen wie die oben angeführte
geeignet war, gewannen die Algorithmen ab dem fünfzehnten Jahrhundert
in Europa eine vorrangige Bedeutung. Numerische Algorithmen spielten
eine zentrale Rolle bei den technischen und wissenschaftlichen Neuerungen.
Heute implementiert man Algorithmen vor allem in die ständig verbesserten
Computercodes der verschiedenen *Programmiersprachen*. Sie sind oft über
das Internet zu beziehen und dienen als Bausteine für die *Software*, ohne die
Computer und Internet nicht denkbar wären.

Aristoteles 384 v. Chr. in Stagira auf der Halbinsel
Chalkidike geboren, gilt Aristoteles neben Platon als
einflussreichster aller griechischen Philosophen. Nachdem er Platons Akademie verlassen hatte, entwickelte
er seine eigene Philosophie, die sich insofern von der
seines Lehrers unterschied, als Aristoteles sehr viel
mehr Wert auf die systematische Beobachtung der
Wirklichkeit legte sowie auf den Versuch, allgemeine
induktive Gesetze aufzustellen. Sein vielleicht nachhal-
tigster Beitrag bestand in der Systematisierung und Darlegung der Logik
in einer Reihe von Werken, die später unter dem Titel *Organon* („Werkzeug",
„Methode") zusammengefasst wurden. Die Bücher, aus denen sich das *Organon* zusammensetzte - im Einzelnen sind das: *Kategorien, De Interpretatione,
Analytica Priora, Analytica Posteriora, Topik* sowie *Sophistische Widerlegungen* -,
bildeten den Kern des Regelwerks, auf dem das Studium der Logik noch bis
ins neunzehnte Jahrhundert hinein basierte. Im Mittelpunkt von Aristoteles'
Logik steht die Kombination eindeutiger Aussagen in *Syllogismen*, um zu neuen

Aussagen zu kommen, die sich von den ursprünglichen unterscheiden, aber zwingend aus diesen hervorgehen. Aristoteles' Einfluss auf die Mathematik war enorm, vor allem aufgrund der Bedeutung, die er dem Begriff der *Prinzipien* beimaß, mit denen jede logische Schlussfolgerung ihren Anfang nehmen muss. Dieser Gedanke fand seine mathematische Entsprechung in Euklids Begriff der Axiome, von denen jede Theorie auszugehen hat. Aristoteles starb 322 v. Chr.

Athene Griechische Göttin der Weisheit, der Künste und der Stadt. Sie soll dem Kopf von Zeus entsprungen sein, in voller Rüstung, und gilt als Lieblingskind des Göttervaters. Athene war die Schutzheilige Athens und als solche von den Athenern, denen sie der Sage nach den Olivenbaum schenkte, über alles geliebt. Der Parthenon, im Zentrum der Akropolis, war der ihr gewidmete Tempel, wobei sich der Name von *Parthenos* (Jungfrau) herleitet. Athenes Part in der Orestie, Aischylos' berühmter Trilogie, verleiht ihr eine zentrale Rolle im Ursprungsmythos des in Athen erfundenen und erstmals angewandten demokratischen Instruments des Geschworenen-Gerichtsverfahrens, einem Rechtssystem, in dem Begründungen eine maßgebliche Rolle spielten und nicht allein, wie es vorher der Fall war, die absolute Macht des jeweiligen Herrschers.

Axiom Seit den Zeiten Euklids, der sich in seinem Denken in der Nachfolge von Aristoteles' Philosophie der Logik bewegte, sind sich die Mathematiker darüber einig, dass jede bearbeitungsfähige Theorie auf einige (wenige) anerkannte erste *Prinzipien* zurückzuführen sein muss, die keinen Beweis erfordern. Dies ist logisch zwingend, will man sowohl *unendlichen Regress* vermeiden (die Bedingung ist ihrerseits bedingt, und dies setzt sich unbegrenzt fort) als auch *zirkelhaftes Denken* (die Konstruktion eines Beweises, in der die zu beweisende Aussage, direkt oder indirekt, selbst zur Beweisführung herangezogen wird). Bis ins neunzehnte Jahrhundert hinein verstand man unter Axiomen *unmittelbar einleuchtende* Wahrheiten über die Welt, eine Ansicht, die sich im weitesten Sinne auch noch in Freges Auffassung von Axiomen als Reflexion einer übergeordneten logischen Realität wiederfindet. Nach Hilbert jedoch und unter dem Einfluss der auf seinen Ideen aufbauenden mathematisch-philosophischen Schule des *Formalismus* betrachtete man Axiome mehr oder weniger unabhängig von ihrem jeweiligen Bezug zur Realität. Einzige Voraussetzung für ein axiomatisches System war demnach ihre *grammatikalische Richtigkeit* (m. a. W.: dass das einzelne Axiom nach den Regeln des ihm zugrunde liegenden Sprachsystems gebildet ist), seine *Redundanz* (die Tatsache, nicht von irgendeinem der restlichen an der jeweiligen Theorie beteiligten Axiome herleitbar zu sein) und, was die Gesamtheit der jeweiligen Axiome anbelangt, ihre *Widerspruchsfreiheit* (die Tatsache, keine Axiome zu enthalten, die sich gegenseitig ausschließen).

Beweis Verfahren, um zu einer gültigen Herleitung der logischen Verifikation einer mathematischen oder logischen Aussage zu gelangen, ausgehend von einem Satz zugrunde gelegter erster *Prinzipien* (Axiomen oder schon bewiesenen, aus diesen Axiomen hergeleiteten Behauptungen), wobei eindeutige und unverkürzte logische Schritte vollzogen beziehungsweise dementsprechende Schlussregeln angewandt werden müssen. Die Beispiele geometrischer Lehrsätze in Euklids *Elementen* galten mehr als zwei Jahrtausende als Messlatte für mathematische Beweisführung. Gegen Ende des neunzehnten Jahrhunderts jedoch wurde seine Methode auf den Prüfstein der Logiker und Philosophen gestellt und in zweierlei Hinsicht für kritikwürdig befunden: a) was seine Auffassung von logischer „Offensichtlichkeit" von Axiomen anbelangt und b) in Bezug auf die logischen Lücken, wo Intuition die strikte Anwendung eines formalen Regelwerks ersetzte - Intuition, die sich bei Euklid meist aus der Anschaulichkeit der Geometrie herleitete. In gewisser Weise ist das *logizistische* Projekt Freges, Whiteheads und Russells zu verstehen als Reaktion auf die Unzulänglichkeiten in den Beweisführungen Euklids und aller, die ihm darin folgten. Auf ihrer Suche nach den Grundlagen der Mathematik strebten die Logizisten ebenso wie die *Formalisten* eine voll entwickelte Theorie und Praxis exakter Beweisführung an, durch welche die Arithmetik (als die Basis aller Mathematik) mit einer kleinen Zahl konsistenter Axiome anfangen und schließlich über den Beweis zu sämtlichen wahren Sätzen gelangen sollte. Hilberts grundlegende, von ihm selbst *Entscheidungsproblem* genannte Frage - 1928 von ihm gestellt und sieben Jahre später von Alan Turing gelöst - ist konsequenter Ausdruck für die Forderung nach einem machtvollen und wasserdichten Beweisführungsapparat, der jede mathematische Behauptung, die ihm als Eingabe zugeführt wird, vermöge eines exakten Algorithmus als richtig oder falsch kennzeichnen kann.

Boole, George 1815 geboren, war Boole, der sich sein Wissen zu großen Teilen autodidaktisch erworben hatte, Professor für Mathematik und Logik am Queen's College im irischen Cork. Auch ihm hat die Mathematik viel zu verdanken, vor allem auf dem Feld der Logik. In seinem Buch *An Investigation of the Laws of Thought* entwickelt Boole die Idee, dass logische Aussagen in einer rein symbolischen Sprache ausgedrückt und dadurch Gegenstand von Operationen werden können, die denen der elementaren Arithmetik gleichen. Im Mittelpunkt des Boole'schen Werks steht seine Idee der *Aussagenlogik*, die in etwa dem entspricht, was Leibniz in dieser Richtung vorgeschwebt hat. Die „Boole'sche Suchfunktion" im Internet, die sich der logischen *Operatoren* „und", „oder" und „nicht" bedient, geht direkt auf Booles Vorstellungen zurück. Und dennoch, trotz des großen Einflusses, den sein Werk auf die Mathematisierung logischer Operationen hatte und hat, verschaffte Boole der Auseinandersetzung mit der Logik als solcher nur wenig neue Einsichten, bewegt er sich doch ausschließlich auf den Pfaden des klassischen Modells von Aristoteles. In Booles System werden *Symbole* wie X und Y (im Wesentlichen handelt es sich dabei um Variablen, die ausschließlich den Wert 0 oder 1 annehmen können) durch die drei oben erwähnten Operatoren sowie durch das von Aristoteles formulierte „impliziert" verknüpft. (Interessanterweise erkannte der Stoiker Chrysippos diese Junktoren bereits im dritten Jahrhundert v. Chr.) Die Anwendung algebraischer Gleichungen, wie die der drei unten angeführten, erlaubt dem Logiker, logische Aussagen vereinfachen und nützliche Schlüsse daraus ziehen zu können.

(X oder Y) = (Y oder X)
nicht (nicht X) = X
nicht (X und Y) = (nicht X) oder (nicht Y)

Was diesem logischen Formalismus fehlt, sind Relationen. So ist das obige Beispiel nicht anwendbar, wenn X und Y für die Behauptungen „Platon ist älter als Sokrates" und „Sokrates ist älter als Platon" stehen, also jeweils mit der Relation („ist älter als") verbunden werden. Dieser Mangel wird durch die Prädikatenlogik behoben. Boole starb 1864.

Cantor, Georg 1845 geboren, studierte Cantor bei einigen der bedeutendsten Mathematiker seiner Zeit, darunter Richard Dedekind und Karl Weierstraß. Er verbrachte den größten Teil seines Berufslebens als Ordinarius an der Universität Halle, wo er auch seine zukunftsträchtigen Arbeiten zur Mengenlehre verfasste. Sein wohl berühmtester Lehrsatz lautet, dass die Menge der sogenannten *reellen* Zahlen (alle Zahlen auf der *Zahlengeraden*, d.h. die *natürlichen* Zahlen 1, 2, 3 ... usw., zusammen mit den Dezimalzahlen inkl. der 0 und den negativen Zahlen) *überabzählbar* ist, dass sie mit anderen Worten nicht eins zu eins in Beziehung zu den ganzen Zahlen 1, 2, 3 ... usw. gebracht werden kann. Im Gegensatz übrigens zur Menge aller rationalen Zahlen, d.h. aller Bruchzahlen, so wie ⅔ oder ¹¹/₄₇₆, was Cantor bereits zuvor bewiesen hatte. Da beide, sowohl die abzählbaren wie die überabzählbaren Mengen, unendlich sind, resultierte aus Cantors Beweisführungen im Wesentlichen, dass es unterschiedliche, sich gegenseitig ausschließende Arten von Unendlichkeit gibt. Als Folge davon, dass Cantors Theoreme extrem unanschaulich und dementsprechend unerwartet daherkamen, sorgten sie bei den Mathematikern für eine gehörige Portion Skepsis der Mengenlehre gegenüber. Einer von Cantors Lehrern, der große Mathematiker Leopold Kronecker, sowie das mathematische Genie Henri Poincaré standen der Mengenlehre höchst kritisch gegenüber, und das, obwohl David Hilbert, der zweite mathematische Riese jener Tage, zu Cantors größten Verfechtern gehörte. Die Feststellung zweier unterschiedlicher „Größen" von Unendlichkeit, bezogen auf eine Menge natürlicher Zahlen, eine größere und eine kleinere, ließ die Frage aufkeimen, ob nicht noch eine dritte Möglichkeit denkbar wäre: eine Teilmenge der reellen Zahlen, die weder abzählbar ist noch in eine Eins-zu-eins-Verbindung zu den reellen Zahlen gebracht werden kann, sich in ihrer Mächtigkeit also zwischen derjenigen der natürlichen und der der reellen Zahlen befindet. Cantor stellte die Vermutung auf, dass eine solche Kardinalzahl nicht existiert, eine Behauptung, die seither als „Kontinuumshypothese" bezeichnet wird - wobei *Kontinuum* ein anderer Name für Zahlengerade ist. Cantor bemühte sich viele Jahre lang, seine Kontinuumshypothese zu beweisen - ohne Erfolg. Kurt Gödel bewies 1940, dass die Kontinuumshypothese konsistent ist mit dem vorherrschenden, der Mengenlehre zugrunde liegenden axiomatischen System (was allerdings nicht einem Beweis ihrer selbst gleichkommt). So bewies der junge amerikanische Mathematiker Paul Cohen 1963, dass die von Gödel bewiesene *Konsistenz* unabhängig funktioniert, d.h., dass von ihr aus nicht auf die Richtigkeit oder Nichtrichtigkeit der Hypothese geschlossen werden kann. Dass also, mit anderen Worten, die Axiome der Mengenlehre mit der Hypothese übereinstimmen, egal, ob diese nun richtig ist oder nicht. Diese Entdeckung brachte Cohen die Fields-Medaille ein, eine Ehrung, die von vielen als „Mathematiknobelpreis" angesehen wird. Cantor litt unter heftigen seelischen Problemen und musste wegen seiner depressiven Veranlagung ein ums andere Mal klinisch behandelt werden. Nicht wenige Mathematikgeschichtler führen diese Krisen auf die Cantor von einigen seiner Kollegen entgegengebrachten feindseligen Reaktionen in Bezug auf dessen Mengenlehre zurück. Andere sehen die Ursache eher in seinen ebenso lang anhaltenden wie erfolglosen Bemühungen, die Kontinuumshypothese doch noch zu beweisen. Während seiner letzten Lebensjahrzehnte ließ Cantor Mathematik Mathematik sein und widmete sich mit aller ihm verbliebenen Kraft der Erarbeitung zweier seltsamer Theorien: a) dass die Shakespeare'schen Dramen eigentlich der Feder des elisabethanischen Philosophen Sir Francis Bacon entstammten und b) dass es sich bei Christus um den natürlichen Sohn des Josef von Arimathäa handelte. Was die zweite Theorie anbelangt, so ist sie Bestandteil der einen oder anderen Fassung der Legende vom Heiligen Gral und gehört als solche durchaus in das Standardrepertoire esoterischer Überlieferungen. Cantor starb 1918 in einer Nervenheilanstalt, in die man ihn gegen seinen Willen eingeliefert hatte.

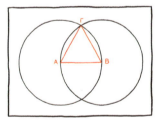

Euklid Etwa 325 v. Chr. geboren, ist Euklid der erste griechische Mathematiker, dessen Werk uns in der Form vorliegt, die dieser ihm selbst gegeben hat - die Theoreme aller Mathematiker vor ihm existieren ausschließlich als Zitate und Abschriften anderer. Euklid lebte und arbeitete in Alexandria, u. a. in der *großen Bibliothek*. Sein Opus Magnum, die *Elemente*, ist seit mehr als zweitausend Jahren ein Bestseller. Kein anderes Buch in der westlichen Welt wurde häufiger aufgelegt, mit Ausnahme der Bibel. Obwohl es sich bei vielen der in diesem Werk versammelten Theoreme wahrscheinlich nicht um ursprüngliche Entdeckungen Euklids handelt, ist die das Buch ausmachende Zusammenstellung, Klassifizierung und Präsentation des kompletten mathematischen Wissens seiner Zeit ausschließlich ihm zu verdanken. Bei den *Elementen* handelt es sich um ein monumentales Gedankengebäude, welches - inspiriert von Aristoteles und dessen Beitrag zur Logik - bei den Definitionen und ersten Prinzipien ansetzt, den

Axiomen (Aitêmata - „Forderungen", wie es ursprünglich bei Euklid heißt), und sich dann daranmacht, Theorem nach Theorem aufs Genaueste herzuleiten. Obwohl etliche, die sich später mit der Logik auseinandergesetzt haben, vor allem im Zusammenhang mit der Suche nach den Grundlagen der Mathematik, Euklid den Vorwurf machten, sich zu sehr auf die Einsichten der Geometrie beschränkt und weit mehr als bloß die Axiome vorausgesetzt zu haben, war der Einfluss der *Elemente* enorm. Zu Recht bezeichnet man dieses Werk als Urquell der mathematischen Methode. Euklid starb etwa um 265 v. Chr.

Frege, Gottlob 1848 geboren, verbrachte Frege den größten Teil seines mathematischen Lebens als Professor an der Universität in Jena. Er gilt allgemein als Vater der modernen Logik, deren Notation und Methodik er zum ersten Mal in seiner 1879 veröffentlichten *Begriffsschrift* entwickelte. In ihr weicht er deutlich von den Logikern in der Folge des Aristoteles ab, indem er Variablen in logischen Aussagen einführte. An die Stelle bis dahin üblicher Aussagen wie „Sokrates ist ein Mann" führt er Behauptungen ein wie „X ist ein Mann", Aussagen also, deren Richtigkeit davon abhängt, für was X steht. In diesem speziellen Fall ist die Aussage richtig, wenn X gleich „Alecos" ist. Als falsch erwiese sie sich, stünde X für „Manga". Frege erfand auch den Begriff des *Allquantors*, der eine Aussage „für alle X" trifft ($\forall$ X: „X ist ein Mann" gelesen: „für alle X gilt X ist ein Mann"), sowie des *Existenzquantors* „es gibt ein X", der eine Aussage trifft, die eine Behauptung wahr macht ($\exists$ X: „X ist ein Mann" gelesen: es gibt ein X, sodass X ein Mann ist). Später wandte Frege sein neues logisches System an, um nach den Grundlagen der Mathematik zu forschen. Sein Buch *Grundgesetze der Arithmetik* gilt als das erste grundlegende Werk des *Logizismus*, dessen zentrale Aussage darin besteht, dass es sich bei der Mathematik um einen Zweig der Logik handelt. Der erste Band der Grundgesetze erschien 1893, der zweite, inklusive des Nachtrags zu Russells Antinomie, 1903. Obwohl Freges logischer Symbolismus aufgrund seiner Schwerfälligkeit ins Abseits geraten ist, bildet der Großteil der von ihm erfundenen Begriffe und Methoden nach wie vor das Rückgrat der Logik. Nach der Veröffentlichung der *Grundgesetze* hat Frege nichts *Entscheidendes* zu den Grundlagen der Mathematik mehr beitragen können. Er wurde in den letzten Jahrzehnten seines Lebens zunehmend paranoid, verfasste eine Reihe von fanatischen Pamphleten, in denen er die parlamentarische Demokratie angriff, die Gewerkschaften, Ausländer und speziell die Juden, wobei er sogar „endgültige Lösungen für das jüdische Problem" vorschlug. Er starb 1925.

Gödel, Kurt Wurde 1906 im mährischen *Brünn* (damals Teil Österreich-Ungarns, heute als Brno Teil Tschechiens) geboren. Er studierte Mathematik in Wien, wo er sogleich der Faszination für mathematische Logik und der Suche nach den Grundlagen der Mathematik im Allgemeinen erlegen war. In seiner Doktorarbeit brachte er Hilberts Programm voran, indem er die Richtigkeit von dessen *Vollständigkeitssatz* bewies, ein Ergebnis, aus dem hervorging, dass alle gültigen Aussagen in Freges *Logik erster Ordnung* aus einer Menge einfacher Axiome bewiesen werden können. 1931 jedoch entwickelte er dann seinen Unvollständigkeitssatz für eine *Logik zweiter Ordnung*, d.h. für eine Logik, die die Sprache der Arithmetik umfasst. Gödel war eines der jüngsten Mitglieder des Wiener Kreises, und das, obwohl ihn sein tief verwurzelter idealistischer Glaube an die unabhängige, platonische Existenz einer mathematischen Wirklichkeit letztendlich von den anderen Mitgliedern entfremdete, die einer materialistisch-empirischen Weltsicht das Wort redeten. Ende der Dreißigerjahre musste Gödel aufgrund seiner Depressionen zweimal klinisch behandelt werden. Nach dem ‚Anschluss' Österreichs durch Nazi-Deutschland im Jahr 1940 gelang es ihm und seiner Frau, das Land zu verlassen und über die transsibirische Route in die Vereinigten Staaten auszuwandern. Dort wurde er eines der ersten Mitglieder des IAS, des Institute for Advanced Study in Princeton, wo er den Rest seines Lebens verbringen sollte. Die wichtigste mathematische Veröffentlichung jener Periode ist sein Beweis, dass Cantors Kontinuumshypothese verträglich ist mit den Axiomen der Mengenlehre (d.h., dass sie sich nicht im Widerspruch zu jener befindet, wenn man sie als wahr voraussetzt). In Princeton entwickelte Gödel eine enge Freundschaft zu Albert Einstein, und er arbeitete eine Zeit lang an der Relativitätstheorie, wobei er ein mathematisches Modell für ein nicht expandierendes, rotierendes Universum konstruierte, welches Zeitreisen hätte möglich machen sollen. Später litt er zunehmend unter Paranoia. Im Januar 1978 schließlich starb er im Krankenhaus von Princeton an Unterernährung - eine Folge seiner Weigerung, dort Nahrung zu sich zu nehmen, aus Angst, das Krankenhauspersonal wolle ihn vergiften.

Grundlagen der Mathematik

Seit Pythagoras' Zeiten zerbrechen sich die Gelehrten den Kopf über das Wesen und die Natur der Mathematik, über die Ontologie mathematischer Gegenstände also, über die Gründe für die Gültigkeit von Beweisen sowie des mathematischen Wissens im Allgemeinen. Von der Aufklärung bis in die Mitte des neunzehnten Jahrhunderts sah die vorherrschende wissenschaftliche Meinung in der Mathematik den einzigen Weg, eine endgültige, absolute Wahrheit zu erreichen, deren Existenz im Übrigen unabhängig wäre von der Fähigkeit der Menschen, sie zu begreifen. Man dachte, die mathematischen Grundbegriffe spiegelten wesentliche Eigenschaften des Kosmos wider, und ging davon aus, dass es sich bei den Theoremen um Wahrheiten einer höheren Wirklichkeit handeln musste. Dieser absolute Glaube in die Mathematik fand seinen Ausdruck darin, dass man diese Disziplin zur „Königin der Wissenschaften" erkor, also mit einem Titel belegte, der zuvor der Theologie vorbehalten war. Die diesbezügliche Ansicht bezeichnete man gemeinhin als *mathematischen Platonismus*, hatte sie ihren Ursprung doch in den Vorstellungen, die sich Platon - und vor ihm teilweise auch schon Pythagoras - von der Überschreitung des Erfahrungshorizontes durch die Ideen (eidê) gemacht hatte. Im neunzehnten Jahrhundert geriet diese traditionelle Sichtweise jedoch zunehmend ins Wanken, was schließlich zu einer *Grundlagenkrise* der Mathematik führte. Die erste Entdeckung, die diesen Abfall vom Glauben auslöste, war die der *imaginären Zahlen* (d.h. derjenigen Zahlen, die die Wurzel aus -1 beinhalten). Das Auftauchen der nicht euklidischen Geometrien im neunzehnten Jahrhundert bestärkte die Argumentation gegen die „unmittelbar einleuchtende" Wahrheit der Axiome noch um etliches. Das Problem allerdings, das den Mathematikern die größten Kopfschmerzen bereitete, war das der mathematischen Behandlung des Unendlichen. Der Erste, der dieses Problem bereits in seinen *Trugschlüssen* gestreift hatte, war Zenon von Elea. Im achtzehnten Jahrhundert tauchte es dann im Gefolge der Erfindung der Differenzialrechnung sowie des - jeder Vorstellung zuwiderlaufenden und schlecht definierten - Begriffs eines *Infinitesimals* wieder auf und hatte Hochkonjunktur in den beiden letzten Jahrzehnten des neunzehnten Jahrhunderts, vor allem in der Mengenlehre, speziell in Georg Cantors Resultaten über unendliche Mengen. Die Probleme, die durch die Mengenlehre an die Oberfläche kamen - als wichtigstes die Russell'sche Antinomie -, gipfelten in ernsthaften Zweifeln an der „Offensichtlichkeit" von Wahrheiten überhaupt und damit zugleich - wenn auch indirekt - am Wert mathematischen Wissens als solchem. Es war wohl vor allem der Wunsch, diese Zweifel auszuräumen, der die Suche nach gesicherten Grundlagen immer wieder anfeuerte. Das von David Hilbert in den frühen 1920er-Jahren proklamierte und nach ihm benannte „Programm" bringt die optimistischste Version dieses Traums von einem formalen System der gesamten Mathematik zum Ausdruck, inklusive des Beweises der *Konsistenz* dieser Axiomatisierung (d.h. ihrer Widerspruchsfreiheit), ihrer *Vollständigkeit* (d.h. ihres Freiseins von jeder unbeweisbaren Wahrheit) und *Entscheidbarkeit* (d.h. der Möglichkeit, durch die Anwendung einer Folge von Algorithmen jederzeit nachweisen zu können, ob eine Formel auf ein Axiom zurückzuführen ist oder nicht).

Hilbert, David Hilbert kam 1862 im preußischen Königsberg (heute Kaliningrad) zur Welt und verbrachte den größten Teil seines beruflichen Lebens an der Universität in Göttingen, dem weltweit renommiertesten mathematischen Zentrum jener Zeit. Er gilt als einer der größten Mathematiker in der Geschichte und war zu seiner Zeit neben Henri Poincaré sicher der bedeutendste. Er leistete wichtige Beiträge auf vielen Gebieten der Mathematik und veröffentlichte unter anderem Arbeiten zur Invariantentheorie, zur algebraischen Zahlentheorie, zur Funktionalanalysis, zur Variationsrechnung sowie zur Theorie der Differenzialgleichungen. Darüber hinaus gehörte er zu den Pionieren auf dem Gebiet der Beweismethoden. 1899 veröffentlichte er seine *Grundlagen der Geometrie*, ein Buch, das die Geometrie auf eine sichere Grundlage stellte und neue Axiome enthielt, mittels deren er Euklids Werk verbesserte. In seinem berühmten Vortrag beim internationalen Mathematikerkongress von 1900 in Paris unternahm er den Versuch, mithilfe von dreiundzwanzig ungelösten Problemen so etwas wie einen Vorausblick auf die Mathematik des zwanzigsten Jahrhunderts zu werfen. Von diesen sogenannten „Hilbert'schen Problemen" sind bis heute elf komplett und sieben zum Teil gelöst. Die restlichen - von denen das achte, die sogenannte „Riemann-Hypothese", am bekanntesten ist - sind noch ungelöst. Das zweite Problem fragt nach der *Widerspruchsfreiheit* der Axiome der Arithmetik (die *Vollständigkeit* wurde für mehr oder weniger selbstverständlich gehalten) - und speziell dieses war Ansporn für einen Großteil der Forschung nach den Grundlagen und der logischen Struktur der Arithmetik, einschließlich derjenigen Gödels. In den 1920er-Jahren gipfelten seine über Jahrzehnte währenden Überlegungen zu den

Grundlagen der Mathematik in dem, was als „Hilberts Programm" bekannt werden sollte. Dabei dreht es sich um das Projekt, die gesamte Mathematik auf axiomatischer Basis zu formalisieren, inklusive des Beweises, dass diese Axiomatik keine Widersprüche enthält. Hilberts Schlachtrufe „In der Mathematik gibt es kein *Ignorabimus*" (kein ‚Wir werden nicht wissen') und „Wir müssen wissen, wir werden wissen" – der letztere nur wenige Tage vor Gödels Erstveröffentlichung seines Unvollständigkeitssatzes lautstark verkündigt – bringen die Quintessenz des Grundlagenoptimismus kurz und knapp zum Ausdruck. Obwohl die Ergebnisse von Gödel, Alan Turing und Alonzo Church Hilberts ehrgeizige Ziele zu Fall brachten, übte sein Programm nach wie vor einen enormen Einfluss auf Logik und Grundlagenforschung aus, ganz besonders auf die Entwicklung der Beweistheorie. Obschon Hilbert dem äußeren Anschein nach absolut normal und gesund zu sein schien, lässt die Art und Weise, in der er seinen einzigen Sohn Franz behandelt hat, ernsthafte Zweifel an diesem äußeren Bild aufkommen. Als man bei dem Jungen im Alter von fünfzehn Jahren Schizophrenie diagnostizierte, steckte sein Vater ihn in eine Nervenheilanstalt, wo er den Rest seines Lebens verbrachte. Hilbert hat seinen Sohn dort nicht ein einziges Mal besucht. Er starb 1943.

Intuitionismus Vom großen holländischen Mathematiker Luitzen Egbertus Jan Brouwer (1881-1966) begründete Richtung der Philosophie der Mathematik. Es gibt allerdings auch Stimmen, die aufgrund des starken Stellenwerts, den schon Henri Poincaré der Rolle der Intuition in der Mathematik beigemessen hat, jenen als klaren Vorläufer betrachten. Intuitionismus basiert auf der Überzeugung, dass sowohl Intuition als auch Zeit eine solch entscheidende Rolle in der Mathematik spielen, dass sie sich nicht im Hilbert'schen Sinne formalisieren und abstrahieren lassen. Im Gegensatz zu dem, was *Logizisten* wie Frege und Russell dachten, war Brouwer davon überzeugt, dass Logik auf der Mathematik basiert und nicht umgekehrt. Außerdem widersprach er aufs Heftigste Georg Cantors in dessen Mengenlehre gemachten Behauptungen, die er für fehlerhaft hielt. Altehrwürdige logische Gesetze wie den Satz vom *ausgeschlossenen Dritten* und seit der Zeit der alten Griechen angewendete mathematische Techniken wie die *Reductio ad absurdum* stellte er auf den Prüfstein, um sie schließlich zu verwerfen. Ja, Brouwer war der festen Überzeugung, dass alle Theoreme, die sich im Rahmen ihrer Beweisführung auf solche Gesetze beriefen - da, wo unendliche Mengen als mathematische Größen auftreten -, aus dem Kanon der Mathematik gestrichen werden sollten. Das wiederum veranlasste den brillanten britischen Logiker und Mathematiker Frank Ramsey dazu, den Intuitionismus als „mathematischen Bolschewismus" zu brandmarken. Obwohl Brouwers Thesen später ihrerseits durch seinen Schüler Arend Heyting formalisiert und festgeschrieben wurden, blieb dieser selbst jedem in diese Richtung gehenden Versuch gegenüber zeit seines Lebens skeptisch.

Leibniz, Gottfried Dieser große deutsche Philosoph, Mathematiker, Wissenschaftler und Logiker kam 1646 zur Welt. Neben der Arbeit an seinen Studien diente er an mehreren deutschen Höfen als Diplomat, politischer Berater und Historiker. Gleichzeitig mit Isaac Newton, aber unabhängig von ihm, entwickelte er die *Infinitesimalrechnung* ebenso wie die Bezeichnungen für deren Operationen, die noch heute angewandt werden. Mit seiner Theorie von der „besten aller möglichen Welten", erschaffen von einem Gott, den Leibniz sich allgütig und allmächtig dachte, war er ein starker Befürworter des *philosophischen Optimismus*. Leibniz gilt als der wichtigste Logiker nach Aristoteles und vor Boole, vornehmlich aufgrund der Vorstellung, die er vom *Calculus Ratiocinator* entwickelt hat. Dabei handelt es sich um eine berechenbare Aussagenlogik, die eine genaue und vernunftgemäße Entscheidungsfindung möglich machte, dank deren alle Unstimmigkeiten zwischen den im Leibniz'schen Sinne vernunftbegabten Menschen der Vergangenheit angehören sollten. Leider blieb es Leibniz, der 1716 in Hannover starb, versagt, dieses ehrgeizigste seiner vielen Projekte zu verwirklichen.

Logik Dieser Begriff umfasst ein breites Spektrum von Disziplinen. Das kann wenig überraschen, leitet er sich doch von *Logos* ab, einem der semantisch ergiebigsten griechischen Worte. Es steht für *Wort* und/oder *Rede, Gedanke, Argument, Ratio, Rationalität, Begriff,* kann jedoch vielleicht am besten als „Studium von methodischem Denken", „Deduktion" und „Beweisführung" bezeichnet werden. Aristoteles' *Organon*-Trilogie beinhaltet eine ausführliche Untersuchung von - *Syllogismen* genannten - Deduktionsmustern, die gut zwei Jahrtausende lang als praktisch gleichbedeutend mit logischem Denken überhaupt angesehen wurden. Bis Mitte des neunzehnten Jahrhunderts betrachtete man Logik als Teil der Philosophie. Aber mit dem Auftreten Booles, bzw. dessen Algebra der Aussagen, sowie, fast noch wichtiger, Freges und dessen „Begriffsschrift", die direkt zur Prädikatenlogik führte, geriet sie zunehmend in mathematische Gefilde. Die neue Logik deckte zweierlei auf: die mathematische Natur ihres Gegenstandes sowie ihre potenzielle Rolle bei der Schaffung solider Grundlagen der Mathematik. Die grundlegende Aussage der als *Logizismus* bekannt gewordenen mathematisch-philosophischen, von Frege begründeten und später hauptsächlich von Bertrand Russell vertretenen Schule bestand darin, dass die gesamte Mathematik auf die Logik zurückzuführen wäre, dass es sich bei ihr, mit anderen Worten, um einen *Teilbereich* der Logik handelte. Nach den Jahren der Grundlagensuche jedoch und speziell nach den Resultaten Gödels wurde die Logik zu einem hoch entwickelten, mannigfaltig verzweigten Feld an der Schnittstelle zwischen Philosophie und Mathematik. In der zweiten Hälfte des zwanzigsten Jahrhunderts fand sie unerwartete Anwendung in der Informatik, wo sie eine solide Ausgangsbasis für das Design und die Verifikation von Soft- und Hardware ebenso liefert wie für das Aufstellen von Datenbanken und die Entwicklung künstlicher Intelligenz.

Mengenlehre Die Beschäftigung mit Zusammenfassungen von Objekten, die über eine gemeinsame Eigenschaft verfügen, wobei diese Eigenschaft sich in einigen Fällen darauf beschränken kann, der Definition zu unterliegen, einer gemeinsamen Menge anzugehören. Dies gilt zum Beispiel für die willkürlich als solche definierte Menge, die aus den Zahlen 2, 3, 8, 134 und 579 besteht. Der Erste, der sich mit Mengen beschäftigte und ihnen gleichzeitig den Begriff „Menge" zuordnete, war der tschechische Mathematiker Bernhard Bolzano (1781-1848). Er führte den Begriff der *Kardinalität* oder *Mächtigkeit* einer Menge ein, d.h. ihrer „Größe", die in der Art ihrer Bestimmung jedoch nicht auf eine konkrete Messeinheit zurückgreifen muss. Demgemäß kann man von der Gleichmächtigkeit zweier Mengen sprechen, wenn man die Anzahl ihrer Elemente in eine Eins-zu-eins-Relation bringen kann. Man spricht in einem solchen Fall auch von der *Bijektivität* zweier Mengen, unabhängig davon, aus wie vielen Elementen sie jeweils bestehen. Das hat den großen Vorteil, dass man dieses Prinzip der Größenbestimmung auch auf unendliche Mengen anwenden kann, auf die der Begriff der Zahl nicht zutrifft: Mathematiker denken „unendlich" nicht als Zahl. Einige scheinbare Paradoxa hielten Bolzano jedoch davon ab, die Theorie weiterzuentwickeln, darunter die Tatsache, dass die *ganzen* und die *geraden* Zahlen in eine Eins-zu-eins-Relation gebracht werden können (indem man jede ganze Zahl einfach mal 2 nimmt oder durch 2 teilt), was dazu führt, dass eine Teilmenge die gleiche Mächtigkeit haben kann wie die Menge, die sie enthält. Als Geburtsdatum der modernen Mengenlehre kann man mit einigem Recht den 7. Dezember 1873 annehmen, den Tag also, an dem Georg Cantor seinem Lehrer Richard Dedekind in einem Brief seinen Beweis für die *Überabzählbarkeit* der *reellen* Zahlen darlegte (d. h. der Menge aller ganzen Zahlen, der Dezimalzahlen, der Null sowie der negativen Zahlen), im Gegensatz zur *Abzählbarkeit* der *rationalen* Zahlen (aller Brüche), die Cantor ebenfalls bewies. Mit Abzählbarkeit bezeichnet man die Gleichmächtigkeit mit der Menge aller *natürlichen* Zahlen. Der Begriff der Menge ist fast zu primitiv, um als mathematische Definition durchzugehen. Man kann ihn praktisch nicht ohne die Hinzufügung eines Synonyms bestimmen (hier haben wir das Wort „Zusammenfassungen von" gebraucht). Und es war gerade diese Art von „Natürlichkeit" des Begriffs in der Arbeit von Bolzano und Cantor, die zur Russell'schen Antinomie führte. Um diese zu überwinden und damit auch das fehlerhafte Konzept der „Menge aller Mengen" zu beseitigen, welches sie offenbart hatte, bleibt einem nichts anderes übrig, als der Menge mit grundlegenden Konstruktionen und Axiomen zu begegnen, wie das in den *Principia Mathematica* passiert ist. In einem späteren Ansatz - dem nach den Namen seiner Erfinder Ernst Zermelo und Abraham Fraenkel „ZFC" („C" steht für „Choice" = Wahl) genannten System - geschah das mit dem Auswahlaxiom, einem notwendigen Zusatzaxiom, das der Theorie dazu verhilft, mit unendlichen Mengen umgehen zu können. Manche halten die Mengenlehre für die grundlegendste aller mathematischen Disziplinen, da sich alle anderen von ihr ableiten lassen. Das nachzuweisen war auch das Hauptanliegen eines überehrgeizigen Projekts, welches ab den 1930er-Jahren von einer Gruppe brillanter französischer Mathematiker betrieben wurde, die ihre Texte unter dem gemeinsamen Pseudonym „Nicolas Bourbaki" veröffentlichten.

Orestie Von Aischylos geschrieben und im Jahre 458 v. Chr. - zwei Jahre vor dem Tod des Autors - im Rahmen der Dyonysien in Athen uraufgeführt, gilt sie als die einzig erhaltene Trilogie unter den griechischen Dramen - obwohl auch hier das satirische Stück *Proteus*, das direkt im Anschluss an die Trilogie aufgeführt werden sollte, verloren gegangen ist. Im ersten Teil der Trilogie, dem Stück *Agamemnon*, kehrt der gleichnamige Held und Führer der griechischen Truppen siegreich aus Troja in seine Heimatstadt Argos zurück. In seinem Gefolge befindet sich auch Kassandra, die von ihm gefangen genommene Weissagerin.

Obwohl Agamemnons Frau Klytämnestra dessen Rückkehr zunächst freudig zu begrüßen scheint, hat sie in Wahrheit andere Pläne. Sie und ihr Liebhaber, Agamemnons Vetter Aigisthos, ermorden den Heimkehrer und werden so zu den neuen Machthabern von Argos. In der *Totenspende*, dem zweiten Stück, begleitet der Chor der Frauen Agamemnons Tochter Elektra an das Grab ihres Vaters. Die verzweifelte Elektra sinnt auf Rache, die sie nur mithilfe ihres Bruders Orest ausüben kann, der sich jedoch im Exil befindet. Nach Orests heimlicher Rückkehr nach Argos verüben er und Elektra den gemeinsam geplanten Mord an Aigisthos und - in einer hochdramatischen Szene, in deren Verlauf sich Klytämnestra mit entblößter Brust Orests gezücktem Schwert entgegenstellt - schließlich auch an ihr, der eigenen Mutter. Das dritte Stück, *Die Eumeniden*, gehört zu den ungewöhnlichsten der Theatergeschichte: Alle Sprechrollen, bis auf die des Orest selbst, werden von Göttern oder anderen übernatürlichen Wesen übernommen. Der Chor setzt sich aus den *Erinnyen* oder Furien zusammen, archaischen Rachegöttinnen, die Orest aus dem Tempel zu Delphi jagen, wo dieser gerade einer rituellen Reinigung durch den Gott Apoll unterzogen wird, und ihn nach Athen treiben. In einem beispiellosen Akt - zumal für eine Göttin - beschließt Athene, die Schutzpatronin Athens, die Bürger Athens selbst über diesen Fall richten zu lassen, und liefert auf diese Weise den mythologischen Ursprung für die demokratische Neuerung eines Gerichtshofs mit bürgerlichen Geschworenen. Der Prozess und sein Nachspiel entwickeln sich dann so, wie es am Ende unseres Buches nachzulesen ist, obwohl wir den Text kürzen und bearbeiten mussten und er dementsprechend leicht von dem des Aischylos'schen Originals abweicht.

Peano, Giuseppe 1858 geboren, verbrachte dieser bedeutende italienische Mathematiker und Logiker den größten Teil seines schöpferischen Lebens als Professor an der Universität in Turin. Obwohl seine Ideen keinen so großen Einfluss auf die Suche nach den Grundlagen der Mathematik hatten wie diejenigen Freges, schuf Peano, ebenso wie jener, eine Notation für eine Logik erster Stufe sowie ein System von Axiomen für die Arithmetik, das heute noch in Gebrauch ist. Ja, dieses wird sogar offiziell als Peano-Arithmetik bezeichnet.

Vor allem mit seiner Notation, die sehr viel benutzerfreundlicher war als die Freges, hatte er großen Einfluss auf Bertrand Russell. Peano glaubte, dass die gesamte Mathematik sich formalisieren und in einer gemeinsamen Minimalsprache ausdrücken lassen können müsste, die aus nicht mehr als einigen wenigen Axiomen bestünde. Aber als er den Versuch unternahm, seine eigene Version dieser universellen Mathematik in Form eines Textbuches zu Lehrzwecken anzuwenden, revoltierten seine Studenten und bewirkten dessen Rücknahme. Angeregt durch seine Versuche, die gesamte Mathematik durch den Gebrauch einer einheitlichen logischen Sprache unter einen Hut zu bringen, entwickelte Peano später aus einer vereinfachten Form des Lateinischen eine globale, natürliche Hilfssprache für Menschen mit unterschiedlichem linguistischen Hintergrund, die er *Latino Sine Flexione* nannte. Aber wie so viele internationale Kunstsprachen - sei es *Esperanto*, *Volapük* oder *Ido* - erwies sich auch Peanos Kopfgeburt letztendlich als Hirngespinst. Peano starb 1932.

Poincaré, Henri 1854 im französischen Nancy geboren. Obwohl er zunächst vor allem Ingenieurwissenschaften studierte, wurde Poincaré zu dem neben David Hilbert größten Mathematiker seiner Zeit. Er war wohl der letzte „Universalmathematiker", d. h. der letzte, der über ein profundes Wissen auf allen Gebieten der Mathematik verfügte. Er leistete wichtige Beiträge zu vielen unterschiedlichen Gebieten der Mathematik, darunter Differenzialgleichungen, automorphe Funktionen, die Theorie mehrerer komplexer Variablen, Wahrscheinlichkeitsrechnung und Statistik. Mit seiner *Analysis Situs* war er der maßgebliche Schöpfer des im zwanzigsten Jahrhundert führenden Gebiets der *algebraischen Topologie*, und seine Arbeit über das Dreikörperproblem legte den Grundstein zu dem, was heute *Chaostheorie* genannt wird. Trotz seiner vielen bahnbrechenden Erfindungen stand Poincaré mit beiden Beinen im Leben und beschäftigte sich bis an sein Lebensende neben seinen mathematischen Studien mit der Umsetzung höchst praktischer Dinge, zum Beispiel mit der Inspektion von Minen oder einem Projekt, in dem es darum ging, den Eiffelturm als Funkturm zu nutzen, um auf diese Weise Zeitsignale an Schiffsnavigatoren übermitteln zu können. Er hing wohl als letzter der großen Mathematiker der klassischen, ja fast romantischen Vorstellung an, Intuition sei in dieser Wissenschaft wichtiger als Genauigkeit und Formalismus. Diese Haltung wurde besonders deutlich, als er Cantors Mengenlehre als eine „Krankheit" bezeichnete, „von der die Mathematik einmal befreit werden müsste". Poincarés Einschätzung der mathematischen Schöpferkraft gipfelte in seiner Aussage „Logik ist steril, solange sie nicht durch Intuition befruchtet wird" und wird von vielen als Vorläufer der Brouwer'schen Schule des Intuitionismus angesehen, einer Hilberts striktem Formalismus genau entgegengesetzten Theorie also. Poincaré starb 1912.

Prädikatenlogik Oft auch als *Quantorenlogik* oder Logik *erster Ordnung bzw. Stufe* bezeichnet, handelt es sich bei der Prädikatenlogik um Freges Erweiterung der von Boole entwickelten Aussagenlogik. Bei der Prädikatenlogik sind elementare Aussagen (oder *Prädikate*) zusammengesetzte Objekte der Form P (a, b, c ...), wobei es sich bei P um ein *Symbol* in der Sprache handelt und bei a, b, c etc. um *Konstanten* oder *Variablen*. Wenn es sich, zum Beispiel, bei „älter" um ein Symbol handelt, bei „Platon" um eine Konstante und bei „X" um eine Variable, dann ist „älter (Platon, X)" eine korrekte Aussage, die behauptet, dass Platon älter ist als X. Aussagen dieser Art können durch Booles Operatoren „und", „oder", „nicht" und „impliziert" miteinander verbunden werden oder dadurch bestimmt sein, dass ihnen Freges Quantoren, wie zum Beispiel „für alle X" (geschrieben $\forall$) oder „es gibt" (geschrieben $\exists$), vorangestellt werden. Dementsprechend meint „es gibt X älter (X, Platon)", dass es (mindestens) ein Individuum gibt, welches älter ist als Platon. Das Ganze ist also ein wesentlich ehrgeizigerer Versuch, Leibniz' Vision des *Calculus Ratiocinator* umzusetzen, als Booles einfachere Aussagenlogik. Durch Anwendung von Symbolen aus verschiedenen Bereichen der Mathematik (zum Beispiel „<", „+" etc.) erhält man Prädikate, die mathematische Behauptungen in dieser formalen, logisch exakten Sprache zum Ausdruck bringen. So lautet das Theorem aus der Arithmetik, dass jede ganze Zahl entweder ungerade oder gerade ist, folgendermaßen:

$$\forall x \, \exists y \, (x = y + y \text{ oder } x = y + y + 1)$$

Exakt ausgedrückt, bedient sich die *Logik erster Ordnung* einfacher mathematischer Objekte als Variablen, wohingegen es sich bei den Variablen der *Logik zweiter Ordnung* auch um Mengen handeln kann, was Aussagen ermöglicht wie zum Beispiel „es gibt eine Menge S". Diese stärkere Sprache kann die gesamte uns bekannte Mathematik zum Ausdruck bringen. Ob ein Satz in der Prädikatenlogik - egal ob erster oder zweiter Stufe - wahr oder falsch ist, hängt vom Modell ab, nach dem der Satz interpretiert wird. So trifft zum Beispiel das o. a. simple arithmetische Theorem für alle ganzen Zahlen zu, solange wir „+" in der üblichen Weise interpretieren, würde sich aber als unwahr herausstellen, sobald wir unter dem „+" das Zeichen für Multiplikation verstünden. Es gibt jedoch ein paar Sätze - *allgemeingültig* genannt -, die sind wahr, unabhängig davon, wie man sie interpretiert, denn sie ergeben sich aus elementaren Gegebenheiten der Boole'schen Junktoren und Quantoren. Kurt Gödels *Vollständigkeitssatz* liefert ein einfaches, vollständiges axiomatisches System zum Beweis von Allgemeingültigkeit in der *Logik erster Ordnung*.

Principia Mathematica Ebenso einflussreiches wie hochkontroverses und im Wesentlichen unvollendetes Werk, in dem Alfred North Whitehead und Bertrand Russell den Versuch unternehmen, Freges großes Projekt zu retten, die Grundlagen der Mathematik auf Logik aufzubauen. Dieses geschah unter dem Eindruck der durch die Russell'sche Antinomie ausgelösten *Grundlagenkrise*. Bereits der Titel *Principia Mathematica* (d.h. „Die Prinzipien der Mathematik") löste eine Kontroverse aus, entsprach er doch exakt demjenigen von Newtons größtem Werk. Ein Großteil der britischen Mathematikerszene hielt diese Titelwahl für geschmacklos, ja für blasphemisch. Die drei Bände der *Principia* - 1910, 1912 und 1913 veröffentlicht - basieren auf Russells zuvor entwickelter *Typentheorie*, der sogenannten „verzweigten" Typentheorie, die den Objekten der Mengenlehre eine Art hierarchischer Struktur zu verpassen suchte. Diese führte jedoch nicht zu den gewünschten Resultaten, ohne das hinzufügen zu müssen, was Russell „Axiom der *Reduzierbarkeit*" nannte. Diese Tatsache sollte sich schließlich zu einem der Hauptargumente der im Großen und Ganzen negativen Aufnahme des gesamten Werks entwickeln. Logiker hielten dieses Axiom für extrem kontraintuitiv, für eine zu weit hergeholte und unnatürliche Methode, das Problem, das es zu lösen suchte, einfach unter den Teppich zu kehren. Obwohl also die *Principia* das enorm hochgesteckte Ziel ihrer Autoren verfehlten, hatten sie eine gewaltige Wirkung auf die Entwicklung moderner Logik. Das lag wohl vor allem daran, dass sie Kurt Gödel sowohl Inspiration als auch Kontext zu dessen bahnbrechender Entdeckung geliefert haben - dem Unvollständigkeitssatz.

Russell, Bertrand 1872 in Wales geboren, war Bertrand Arthur William, the Third Earl Russell - so sein voller, seiner adligen Herkunft geschuldeter Name - der Enkel des bedeutenden Politikers Lord John Russell, dessen Adelstitel er schließlich erben sollte. Bereits im Alter von vier Jahren verwaist, wuchs Russell auf dem, westlich von London gelegenen, Familiensitz *Pembroke Lodge* auf - zunächst bei seinen beiden Großeltern väterlicherseits, dann, nach dem Tod seines Großvaters, allein unter den Fittichen seiner Großmutter, Lady Russell. Heute ist Russell einer größeren Öffentlichkeit wahrscheinlich vor allem noch wegen seiner philosophischen Ausführungen bekannt. Seine 1945 veröffentlichte *Philosophie des Abendlandes* gilt bis auf den heutigen Tag als klassisches Beispiel einer ebenso hochgradig persönlichen wie intelligenten und hervorragend lesbaren Darlegung komplexer Ideen. Doch obwohl auch seine spätere Tätigkeit als Friedensaktivist und Kämpfer gegen die atomare Aufrüstung ihm eine ähnlich große internationale Anerkennung einbrachte - Russells größtes Verdienst besteht zweifellos in seinen Beiträgen zur mathematischen Logik. Sie sorgten dafür, dass er neben Aristoteles, Boole, Frege und Gödel für einen der größten Logiker aller Zeiten gehalten wird. Sein Werk hatte eine enorme Wirkung auf die Entwicklung der wissenschaftlichen Logik: durch seinen direkten Einfluss auf Gödels bahnbrechende Entdeckungen ebenso wie durch den eher indirekten auf die „wissenschaftliche Weltanschauung" des Wiener Kreises und die philosophischen Schulen des *logischen Positivismus* und des *logischen Empirismus*. Trotzdem beendete Russell seine Arbeit auf dem Feld der Logik mit den *Principia Mathematica*, dem Buch, das er gemeinsam mit Alfred North Whitehead verfasste und das kurz vor seinem vierzigsten Geburtstag veröffentlicht wurde. Russell betrachtete die *Principia* grundsätzlich als Fehlschlag, da sie dem ehrgeizigen Ziel, das er und die anderen Logizisten sich gesetzt hatten und welches darin bestand, die Mathematik sicher auf das Fundament der Logik zu gründen, nicht gerecht wurde. Russell war viermal verheiratet und Vater dreier Kinder. Sein ältester Sohn John litt ebenso an Schizophrenie wie dessen Tochter, die später Selbstmord beging. Diese Krankheitserscheinungen waren nur zwei weitere tragische Beispiele für die in Russells Familie immer wieder auftretenden Fälle von Wahnsinn, von denen zuvor unter anderem bereits sein Onkel William und seine Tante Agatha betroffen waren. Während der letzten Jahrzehnte seines Lebens widmete Russell sich ganz dem Kampf für eine nukleare Abrüstung und wurde zu so etwas wie einer Symbolfigur des Pazifismus. Er starb 1970.

Russell'sche Antinomie Wurde von Russell 1901 im Rahmen der Arbeit an den *Principles of Mathematics* - seinem ersten, 1903 veröffentlichten Buch zu den Grundlagen der Mathematik - entdeckt. In der ursprünglichen, von Bolzanos einfachem Konzept der „Sammlung von Elementen mit einer gemeinsamen Eigenschaft" abgeleiteten Fassung dieses Paradoxons, offenbart sich ein wesentlicher Fehler der Mengenlehre von Cantor. Aufgrund der Allgemeingültigkeit dieser Definition, die Frege auf den Bereich der Logik übertragen hatte, lässt sich von einer „Menge von Mengen" reden und dementsprechend schließlich auch von einer „Menge aller Mengen". Wenn wir nun die Elemente dieser allumfassenden Menge betrachten, dann findet sich darunter eines mit der Eigenschaft „der eigenen Einschließlichkeit", d.h. einer Menge, die sich selbst als Element enthält. Demgemäß kann die Menge aller Mengen auch eine Menge sein, die sich selbst als Element enthält, so wie die Menge aller Einträge auf einer Liste als Eintrag auf genau dieser Liste erscheinen kann. Ganz im Gegensatz allerdings zu der Menge aller Zahlen, die ja selbst durch keine Zahl repräsentiert wird und also keine Menge sein kann, die sich selbst enthält. Aufgrund dieser Eigenschaft können wir also eine „Menge aller Mengen, die sich selbst nicht enthalten", bestimmen und uns mit dem jungen Russell die Frage stellen: „Enthält diese Menge sich selbst oder nicht?" Schauen wir uns mal an, was passiert: *Sollte* sie sich selbst enthalten, folgt daraus, dass sie zu jenen Mengen gehört, die sich selbst nicht enthalten (dies war ja schließlich die Eigenschaft, die die Elemente der untersuchten Menge charakterisiert), und dass sie sich dementsprechend nicht selbst enthalten kann. Sollte sie sich jedoch *nicht* selbst enthalten, besitzt sie nicht die Eigenschaft, sich selbst nicht zu enthalten, und das bedeutet, sie enthielte sich selbst. Diese Situation, dass die Annahme von etwas dessen Gegenteil impliziert, und vice versa, nennt man *Paradox*. Und wenn ein Paradox, so wie bei Russell, in einer Theorie auftaucht, bedeutet das, dass eine ihrer grundlegenden Voraussetzungen, Definitionen oder *Axiome* falsch sind. Obwohl im historischen Kontext der Mengenlehre entstanden, ordnete Russell seine Antinomie später dem Bereich der Selbstreferenzialität zu, d.h. den Behauptungen, die sich in der Art und Weise auf sich selbst beziehen, wie der Satz des Eubulides „Ich lüge Sie gerade an".

Selbstreferenzialität Im wörtlichen Sinne die Eigenschaft einer Aussage, sich auf sich selbst zu beziehen. In der Logik wird dieser Begriff jedoch allgemeiner gefasst. Er kennzeichnet dort Aussagen, die im Bezugsrahmen ihrer eigenen Aussage enthalten sind, so wie in der Geschichte vom „Barbier", mit der die Russell'sche Antinomie gern erklärt wird. Der Barbier lebt in einer Stadt, in der ein Gesetz vorschreibt, dass „alle Bürger dieser Stadt sich entweder selbst rasieren oder aber zum Barbier gehen müssen". Dieses Gesetz ist insofern *selbstreferenziell*, als der Barbier neben seiner Eigenschaft, der dort erwähnte Barbier zu sein, auch zur ebenfalls dort erwähnten Gruppe der „Bürger dieser Stadt" gehört. Seit der Zeit der alten Griechen hatte die Selbstreferenzialität große Folgen sowohl für die Logik als auch für die Mathematik: von den selbstreferenziellen Aussagen des *Eubulides* über Cantor, dessen Beweis der *Überabzählbarkeit* natürlicher Zahlen auf eine numerische Variante der Selbstreferenzialität zurückgreift, bis zu Russell samt seiner Antinomie und schließlich Gödel - Letzterer bewies seinen Unvollständigkeitssatz, indem er im Kontext der modernen Logik eine Behauptung aufstellte, die dem Inhalt der von Eubulides seinerzeit gemachten Aussage ziemlich nahekommt. Mit einem wesentlichen Unterschied allerdings: Hatte Eubulides festgestellt, „diese Behauptung ist falsch", lautete Gödels geniale Variante in der Sprache der Arithmetik im Wesentlichen: „diese Aussage ist nicht zu *beweisen*". Jede folgerichtige axiomatische Theorie, in der solch eine Aussage formuliert werden kann, ist konsequenterweise nicht vollständig: Entweder ist diese Aussage *falsch*, dann ist sie sowohl falsch als *auch* zu beweisen und widerspricht damit der *Widerspruchsfreiheit* des axiomatischen Systems, oder sie *entspricht* der *Wahrheit*, ist damit sowohl wahr als *nicht* beweisbar und somit *unvollständig*.

Tractatus Logico-Philosophicus
Ludwig Wittgenstein verfasste sein einflussreiches, auf seinen vor dem Krieg gemachten Notizen und Ideen zur Logik fußendes philosophisches Werk während des Ersten Weltkriegs. Es handelt von der Welt, den Begriffen und der Sprache und enthält, seinen eigenen Worten nach, nicht mehr und nicht weniger als die Lösung „aller philosophischen Probleme". Ursprünglich als *Logisch-philosophische Abhandlung* erschienen, erhielt der *Tractatus* seinen endgültigen Namen im Rahmen seiner englischen Veröffentlichung - als Folge der Vorliebe G. E. Moores für lateinische Titel. In seinem Buch wendet Wittgenstein eine ganze Reihe von Techniken und Ideen aus der Logik an, im Besonderen die von Frege und Russell. Gleichzeitig lässt er jedoch auch völlig davon abweichende philosophische Ein- und Ansichten einfließen, vornehmlich die von Arthur Schopenhauer. Obwohl es zu einer Veröffentlichung dieses Buches des bis zu jenem Zeitpunkt völlig unbekannten Wittgenstein nie gekommen wäre, hätte sich Russell nicht bereit erklärt, dem Werk eine Einleitung voranzustellen, in der er es „ein wichtiges Ereignis in der Welt der Philosophie" nannte, sorgte ausgerechnet der *Tractatus* für den Bruch der beiden Männer. Wittgenstein war der Meinung, Russells - nicht ausschließlich anerkennende - Einleitung wäre gespickt von Missverständnissen und philosophischen Fehlschlüssen. Russell wiederum meinte, im *Tractatus* erste Anzeichen von Wittgensteins Abstieg - wie er es sah - ins Mystische zu erkennen. Das klare, straff durchstrukturierte Buch

umfasst sieben Hauptsätze, jeder einzelne in einem eigenen Kapitel abge-
handelt, welches wiederum aus weiteren Sätzen besteht, die durch eine eher
pedantische und teils verwirrende Nummerierung miteinander verbunden
sind. Die ersten beiden Sätze (1 und 2) entwickeln den Standpunkt, dass „die
Welt alles ist, was der Fall ist", und das, „was der Fall ist", *Tatsache* (nicht
Ding) ist und eine *Kombination* dieser Tatsachen. Das ist eine klare Abwen-
dung von der klassischen Philosophie, im Besonderen von der Metaphysik des
Aristoteles, der zufolge die Welt aus *Dingen* besteht. In der logischen Sprache
des *Tractatus* haben die Dinge ihren Platz innerhalb der Tatsachen, sind Teil
komplexer Kombinationen, stehen in Beziehungen zueinander und sind nicht
elementare Grundbausteine. Die beiden nächsten Sätze (3 und 4) entwickeln
im Wesentlichen das, was man als *Bildtheorie* der Sprache bezeichnet. „Das
logische Bild der Tatsachen ist der Gedanke", und dieser verkörpert sich
im „sinnvollen Satz". Indem Wittgenstein hier die Brücke zu Darstellung und
Sprache schlägt, grenzt er Gedanken ab von logischen Sätzen, das jedoch
im Kontext zur Welt und in direktem Bezug auf diese. Hierbei handelt es sich
vielleicht um den heikelsten Teil des gesamten Buches, den, der sich auf Wittgensteins Vorstellung von der Mathematik und Logik als letzten Endes bloß
Tautologien produzierende Maschinen bezieht. In den Sätzen 5 und 6 entwickelt er die Idee, dass „Sätze eine Wahrheitsfunktion der Elementarsätze"
sind, in denen eine mathematisch-symbolische Notation dafür sorgt, aufs
Genaueste zu klären, was eine Wahrheitsfunktion ist. Hier benutzt Wittgenstein die Logik, um Sätze (und damit also Sprache und Gedanken) als Kombination von *Elementarsätzen* zu definieren, die untereinander nach dem Vorbild der Boole'schen Verbindungsgesetze verbunden sind. In diesem Teil des
Buches findet sich zum ersten Mal das, was heute im Zusammenhang mit
den Boole'schen Funktionen als „Wahrheitstafel" bezeichnet wird. Der letzte Paragraf des Buches, Satz 7, lautet: „Wovon man nicht sprechen kann,
darüber muss man schweigen." Dieser letzte Satz hat zwei sehr unterschiedliche Interpretationen erfahren, die extrem *positivistische* des Wiener
Kreises, der zufolge es sich bei dem, worüber man (im Sinne der Logik) „nicht
sprechen kann", im wörtlichen Sinne um „Un-sinn" oder „Sinn-loses" handelt,
sowie die von Wittgenstein später selbst nachgelieferte und von Russell als
mystisch gebrandmarkte, der zufolge „das, worüber man nicht sprechen
kann", das im eigentlichen Sinne Wahre und Wesentliche ist. Der *Tractatus* ist
eines der einflussreichsten und am intensivsten studierten Bücher der westlichen Philosophie. Seine Auswirkungen sind überall zu spüren, nicht zuletzt -
und das allein wäre eine Art später Rechtfertigung - in der Art und Weise, in
der Computer und Datenbanken unsere heutige Welt bestimmen.

Turing, Alan 1912 in London geboren, gilt dieser große englische Mathematiker gemeinhin als Vater der Informatik. Turing lieferte Beiträge zu vielen Bereichen der Mathematik, hat sich jedoch vor allem mit einem seiner ersten Ergebnisse auf dem Gebiet der Logik ins Gedächtnis geschrieben. Während seines Studiums in Cambridge entdeckte er seine Faszination für die Grundlagen der Mathematik, im Speziellen für den Unvollständigkeitssatz von Gödel, der ihn dazu animierte, Hilberts *Entscheidungsproblem* zu studieren, eine Frage, die die Gödel'sche Analysis überdauert hat. Das *Entscheidungsproblem* stellt die Frage, ob es in einem gegebenen logischen System einen Algorithmus gibt, der entscheiden kann, ob eine Aussage sich innerhalb des Systems beweisen lässt oder nicht. Turings Antwort war ein vernichtendes „Nein". Um dorthin zu gelangen, musste er zunächst einmal eine exakte Definition für den Begriff des Algorithmus finden. Seine geniale Lösung in Form einer theoretischen „Maschine" mit einem *zentralen Kontrollelement* und einem Band für die Funktionen *Gedächtnis*, *Input* und *Output* antizipierte in wesentlichen Teilen den digitalen Computer und hat seitdem einen enormen Einfluss auf Theorie und Praxis von Berechnungen ausgeübt. *Turingmaschinen* - wie sie heute genannt werden - teilen mit heutigen Computern deren wesentliche Eigenschaft der *Universalität*, d.h. die Tatsache, dass sie jede Berechnung ausführen können, vorausgesetzt, man versieht sie mit einem entsprechenden Programm. Zwei weitere Mathematiker, Alonzo Church (Turings späterer Doktorvater in Princeton) und Emil Post, entwickelten unabhängig voneinander und etwa zur gleichen Zeit algorithmische Formalismen, die denen von Turing letztendlich entsprachen. Trotzdem hat dessen Ansatz sich durchsetzen können, nicht zuletzt aufgrund der extremen Einfachheit seiner Grundkonstruktion, die nichtsdestotrotz das Erreichen äußerst komplexer Ergebnisse ermöglicht. Turings Arbeit an Algorithmen und Methoden zur allgemeinen Lösbarkeit von Problemen ist - ebenso wie die der anderen erwähnten - ein klares Ergebnis der *Grundlagensuche* und stellt in gewisser Weise sogar deren Höhepunkt dar. Im Zweiten Weltkrieg leitete Turing die Entwicklung und Konstruktion von zwei unterschiedlichen elektronischen Rechenmaschinen, „Bombe" und „Colossus" genannt. Diese wurden erfolgreich eingesetzt, um mehrere Geheimcodes der Deutschen zu entschlüsseln, darunter die berüchtigte „Enigma"-Verschlüsselung der deutschen Kriegsmarine. Nach dem Krieg arbeitete Turing in der aufkeimenden englischen Computerindustrie, widmete sich wichtigen biologischen Studien und rief die Disziplin der *künstlichen Intelligenz* ins Leben, indem er eine später Turing-Test genannte Methode vorschlug, mit deren Hilfe bestimmt werden konnte, ob ein Artefakt „denken kann". Als begeisterter Langstreckenläufer immer an Sport und Spiel interessiert, hat Turing als Erster Ideen zu einem Schachprogramm entwickelt. Gleichzeitig empfahl er das Beherrschen dieses Spiels all jenen als wichtige Arbeitsvoraussetzung, die an der Entwicklung intelligenter Maschinen beteiligt waren. 1952 wurde er wegen seiner Homosexualität, die damals in England noch als strafbares Delikt galt, verurteilt. Um einer Gefängnisstrafe zu entgehen, erklärte er sich bereit, sich einer experimentellen Östrogen-„Behandlung" zu unterziehen, die aller Wahrscheinlichkeit nach mit für die schwere Depression verantwortlich war, die ihn 1954 in den Selbstmord trieb.

Unvollständigkeitssatz 1931 bewies der gerade erst fünfundzwanzigjährige Kurt Gödel zwei zusammenhängende Theoreme, die man deshalb meist bloß „den" Unvollständigkeitssatz nennt - obwohl einige damit tatsächlich nur den ersten dieser beiden Sätze bezeichnen. Unter *Vollständigkeit* eines logischen Systems versteht man die Eigenschaft, dass die Richtig- oder Nichtrichtigkeit jeder *formallogischen* (d.h. den grammatikalischen Regeln ihres Systems entsprechenden) Behauptung innerhalb dieses Systems mithilfe der ihm zugrunde liegenden Axiome bewiesen werden kann. Der von Gödel zwei Jahre zuvor aufgestellte *Vollständigkeitssatz* zeigte auf, dass es ein solches axiomatisch schlüssiges System für die Prädikatenlogik *erster Stufe* gibt. Der heilige Gral von Hilberts Programm jedoch bestand darin, ein *vollständiges* und *widerspruchsfreies* axiomatisches System zu kreieren, das auch auf die *Arithmetik* anzuwenden war, d.h. auf die Mathematik der ganzen Zahlen. Solch ein System hätte eine *Prädikatenlogik zweiter Stufe* erfordert, d.h. ein System, in dem man auch *Mengen* als Variablen einsetzen kann. Gödel schockte die mathematische Öffentlichkeit, als er in seinem berühmten Aufsatz „*Über formal unentscheidbare Sätze* der Principia Mathematica *und verwandter Systeme 1*" bewies, dass jedes widerspruchsfreie axiomatische System der Arithmetik, wie es in den *Principia* dargestellt ist, notwendigerweise *unvollständig* sein muss. Genauer ausgedrückt besagt der erste der beiden Unvollständigkeitssätze, dass es in jedem formalen System der Zahlen, das zumindest eine Theorie der Arithmetik der natürlichen Zahlen enthält, einen unentscheidbaren Satz gibt, also einen Satz, der nicht aus dem System heraus beweisbar und dessen Negation ebenso wenig beweisbar ist. Der zweite Satz besagt, dass solch ein System, wäre es in der Lage,

seine Widerspruchsfreiheit aus sich selbst heraus zu beweisen, widersprüch-lich wäre. Dies war ein neuerlicher, vernichtender Schlag gegen das Hilbert-Programm, dessen Ziel es ja gerade war, ein mächtiges Axiomensystem zu finden, welches mit dem Beweis seiner eigenen Widerspruchsfreiheit verse-hen war.

von Neumann, John 1903 in Budapest geboren („John" ist die englische Form des ungarischen „Ja-nos"), zeigte sich von Neumanns außergewöhnliche Intelligenz bereits sehr früh, als er im Alter von sechs Jahren in der Lage war, achtstellige Zahlen im Kopf zu dividieren und sich in altgriechischer Sprache zu un-terhalten. Er studierte Mathematik in Budapest und erhielt dort mit zweiundzwanzig seinen Doktor, während er sich gleichzeitig seinem Vater zuliebe an der renom-mierten ETH in Zürich auf die Diplomprüfung in *Chemieingenieurwesen* vorbe-reitete. Schnell mauserte er sich zum Star-Mathematiker seiner Generati-on. Sein mathematischer Scharfsinn und die atemberaubende Schnelligkeit seiner Schlussfolgerungen waren legendär. Bei jener Vorlesung Gödels, in deren Verlauf dieser den ersten Unvollständigkeitssatz vorstellte, war es von Neumann, der als Erster dessen wahre Tragweite erkannte und direkt nach dem Vortrag ausrief: „Das war's!" Dann aber gab er Gödel entscheidende Hinweise und lieferte ihm anschließend den Beweis für den zweiten Unvoll-ständigkeitssatz - den dieser in der Zwischenzeit jedoch bereits seinerseits hinbekommen hatte. Von Neumann beschäftigte sich danach nie wieder mit den Grundlagen der Mathematik. Sein mathematisches Genie war so breit gefächert, dass er in vielen Disziplinen Entscheidendes beitragen konnte, zur Mengenlehre ebenso wie zu den *Operatoralgebren*, zur *Ergodentheorie* und *Statistik*. Darüber hinaus arbeitete er auf dem Feld der *Quantenmecha-nik*, der *Strömungslehre* sowie der *mathematischen Ökonomie* und begründete zusammen mit dem Wirtschaftswissenschaftler Oscar Morgenstern die Disziplin der *Spieltheorie*. Nicht umsonst also nannte man ihn „den Letzten der großen Mathematiker". Im Zweiten Weltkrieg gehörte er zum Brain-trust hinter der Atombombe. Nach dem Krieg stand er dem amerikanischen Regierungskomitee zur Entwicklung der Wasserstoffbombe vor. Seinen wohl wichtigsten Beitrag jedoch leistete er bei der Erfindung des Computers. Während er 1946 als Berater an der Herstellung eines der ersten elektroni-schen, von Alan Turings Ideen beeinflussten Computer beteiligt war, stellte er eine ganze Reihe von fundamentalen Entwicklungsprinzipien auf, darunter die

Forderung nach einer zentralen Prozessoreneinheit und davon unabhängigen Memory-Bereichen, in denen sowohl Daten als auch Programme gespeichert werden konnten. So gut wie alle danach entwickelten Computerprogramme richteten und richten sich nach diesem grundlegenden Modell, welches heute als *Von-Neumann-Architektur* bekannt ist. Von Neumann machte weiter und wurde einer der ersten bedeutenden Informatiker, der sich vor allem in dem Bereich auszeichnete, den man heute mit *wissenschaftlichem Rechnen* bezeichnen könnte, d.h. mit dem Computereinsatz im Rahmen wissenschaftlicher Forschung. Er starb 1957 an Krebs - wahrscheinlich eine Folge der Tatsache, dass er thermonuklearen Tests beigewohnt hatte.

Whitehead, Alfred North Englischer Mathematiker und Philosoph. 1861 geboren, studierte er Mathematik in Cambridge, wo er später auch jahrzehntelang lehrte. 1891 heiratete er die wesentlich jüngere Irin Evelyn Wade. Vor seiner intensiven, über Jahrzehnte währenden Zusammenarbeit mit Bertrand Russell an den *Principia Mathematica* veröffentlichte Whitehead sein Buch *Universal Algebra*, den Versuch, symbolische Schlussfolgerungstypen unterschiedlicher algebraischer Systeme aus einem - für seine Zeit - sehr modernen formalen Blickwinkel heraus zu studieren. Nachdem sich Russell 1913 von den *Principia* losgesagt hatte, versuchte Whitehead, noch einen vierten Teil - zur Geometrie - zu verfassen, schrieb diesen jedoch nie zu Ende. Zwischen den beiden Männern herrschte nach der Veröffentlichung der *Principia* praktisch totale Funkstille, und Whitehead, der sich inzwischen der mathematischen Physik und Philosophie zugewandt hatte, trug nichts mehr zur zweiten Ausgabe dieses großen Werkes bei, die 1925 erschien. Er starb 1947.

Wiener Kreis Eine Gruppe von Philosophen und Wissenschaftstheoretikern, die zwischen 1924 und 1936 regelmäßig in Wien zusammentrafen. Ihr Hauptanliegen war erstens der Aufbau einer streng empirisch geprägten Philosophie, wobei sie die Einblicke in die wissenschaftliche Methodologie der neuesten Fortschritte im Bereich der Logik, Mathematik und Physik zu nutzen suchten, sowie zweitens der Versuch, die in der Naturwissenschaft gewonnenen Methodologien auch auf das Soziale anzuwenden. Geleitet wurde der Kreis durch den Wissenschaftstheoretiker Moritz Schlick. Einige der prominentesten Mitglieder waren: die Mathematiker Hans Hahn, Olga Hahn-Neurath, Gustav Bergmann, Karl Menger und - für kurze Zeit - Kurt Gödel, der Physiker Philipp Frank, der Sozialwissenschaftler Otto Neurath sowie die Philosophen Viktor Kraft und Rudolf Carnap. Die Gruppe traf sich zunächst zwanglos an jedem Donnerstagabend im Wiener „Café Central", formierte sich jedoch später als Gesellschaft mit öffentlichen Versammlungen. Trotz des zwanglosen Charakters der Gruppe teilten ihre Mitglieder den Kern ihrer philosophischen Überzeugungen, den sie in einer Art Manifest mit dem Titel „Die wissenschaftliche Weltauffassung" auch schriftlich niederlegten. Die Mitglieder des Kreises erklärten, dass die Arbeit von Frege, Russell und Einstein den ersten Anstoß für ihr Zusammenkommen gegeben hatte, wohingegen ihnen später der *Tractatus Logico-Philosophicus* von Ludwig Wittgenstein als direktes Vorbild diente. Die Philosophie des *logischen Positivismus*, die ebenso wie die des *logischen Empirismus* die Weltanschauung der Mitglieder des Kreises zum Ausdruck brachte, geht davon aus, dass Wissen sich aus Erfahrung bildet - und damit ist im Wesentlichen die aus wissenschaftlichen Beobachtungen und Experimenten gewonnene Erfahrung gemeint -, die dann durch logisches Analysieren und Synthese zu einer Theorie entwickelt wird. Gleichwohl gingen Mitglieder des Wiener Kreises - ganz im Sinne des *Tractatus* - davon aus, dass Logik und Mathematik letztendlich bloß mit *Tautologien* umgehen und dementsprechend nicht zur Erlangung von Wissen als solchem dienen können, sondern ausschließlich als ein Hilfsmittel zur Bearbeitung empirischer Erkenntnisse. Nach der Weltanschauung des Kreises können Aussagen, die nicht experimentell zu beweisen sind (theologische und ethische Erklärungen zum Beispiel), weder als falsch noch als richtig bezeichnet werden, da sie - im wörtlichen Sinne - *sinn-los* und damit ohne Bedeutung sind. Die radikalste Version dieser Haltung stammt von Carnap, war eine Art Inkarnation des Leibniz'schen „*Calculemus*" und besagte, dass eine Behauptung überhaupt nur von Bedeutung wäre, wenn ihr Wahrheitsgehalt durch einen Algorithmus bewiesen werden könnte, der sie auf beobachtbare Tatsachen zurückführte. Später versuchte Carnap, diese Ansicht mit dem Unvollständigkeitssatz auszusöhnen. Obwohl der Wiener Kreis in seiner ursprünglichen Form nach der Ermordung Schlicks durch einen paranoiden Exstudenten und Nazisympathisanten im Jahre 1936 aufgelöst wurde, lebte sein Geist noch lange weiter. Den meisten seiner Mitglieder gelang es, aus Österreich zu entkommen und nach England oder in die USA zu emigrieren, wo sie einen entsprechend großen Einfluss auf die Entwicklung der Nachkriegsphilosophie nehmen konnten.

Wittgenstein, Ludwig

Wittgenstein wird von vielen als bedeutendster Philosoph des zwanzigsten Jahrhunderts angesehen. Er war eins von acht Kindern des Industriellen und Kunstmäzens Karl Wittgenstein, eines der reichsten und mächtigsten Männer Österreichs. Drei seiner Brüder verübten bereits in relativ jungen Jahren Selbstmord. Paul, der vierte, errang einige Bekanntheit als Konzertpianist. Nach zweijährigem Ingenieurstudium entwickelte Wittgenstein ein außerordentliches Interesse an Logik und den Grundlagen der Mathematik. Er traf sich mit Frege, der ihm vorschlug, nach Cambridge zu gehen und dort bei Russell zu studieren, ein Rat, den Wittgenstein befolgte. Diese Verbindung sollte bei beiden Männern einen tiefen Eindruck hinterlassen, auf den Lehrer wahrscheinlich mehr noch als auf den Schüler. Als ungarisch-österreichischer Soldat im Ersten Weltkrieg mehrfach wegen besonderer Tapferkeit, speziell seiner ausdrücklich erwähnten „Kaltblütigkeit vor dem Feind", ausgezeichnet, geriet er schließlich in Gefangenschaft und vollendete sein Opus Magnum, den *Tractatus Logico-Philosophicus*, in einem italienischen Kriegsgefangenenlager. Nach dem Krieg verzichtete er auf das riesige Erbe, das sein Vater ihm zugedacht hatte, und verteilte es unter seinen drei Schwestern. Davon überzeugt, mit dem *Tractatus* „alle Probleme der Philosophie gelöst zu haben", wie er es selbst formulierte, arbeitete er in der Folge als Gärtner, Architekt und schließlich als Volksschullehrer in dem kleinen niederösterreichischen Ort Trattenbach. Erst 1929, wahrscheinlich als Folge seiner Kontakte zu einigen Mitgliedern des Wiener Kreises sowie der Teilnahme an einer von Luitzen Brouwer gehaltenen mathematikphilosophischen Vorlesung über den Intuitionismus, kehrte Wittgenstein nach Cambridge und zur Philosophie zurück. Er distanzierte sich von seiner bisherigen Arbeit, die er als dogmatisch brandmarkte, und begann damit, eine neue, extrem einflussreiche philosophische Haltung zu entwickeln, die gern als „später Wittgenstein" bezeichnet wird. Anders als im *Tractatus* hat Wittgenstein niemals den Versuch unternommen, seine späteren philosophischen Gedanken in ein zusammenhängendes System zu bringen, sondern veröffentlichte sie in einer losen Folge mehr oder weniger eigenständiger Bemerkungen. Etliche von ihnen ergaben jedoch später ein Buch, das allerdings erst posthum veröffentlicht wurde, und zwar 1953 unter dem Titel *Philosophische Untersuchungen*. Dieses Buch sowie ein paar weitere, in denen Notizen, Mitschriften seiner Vorlesungen oder Diskussionsbeiträge versammelt sind, ist alles, was von seinem Spätwerk erhalten geblieben ist.

Die von ihm dort vertretene philosophische Position ist extrem antidogmatischer Natur und bezieht sich vornehmlich auf Sprache und Psychologie (wir sprechen heute von *kognitiver Psychologie*) statt auf Logik und objektive Wahrheit, entwickelt eher unscharfe Konzepte wie „Familienähnlichkeit" und „Sprachspiele" statt klar umrissene und voneinander getrennte Definitionen und Behauptungen. In dieser späteren Phase ist Wittgensteins Denken charakterisiert durch seine teils boshafte Kritik an der Philosophie, wie sie andere, aber auch er selbst bis zu jenem Zeitpunkt betrieben hatten. Es ist vornehmlich dieser kritischen Haltung zu verdanken, dass Russell sich von Wittgensteins Spätwerk distanzierte und sich dabei auf dessen Entscheidung berief, nun „Mystiker" werden zu wollen. Der größte Teil seiner negativen Kritik an der Mathematik – die er mehr und mehr als rein praktische Tätigkeit betrachtete, als Handwerk, dessen Berechtigung sich allein aus seiner Nützlichkeit bei der Anwendung herleitet – findet sich in den Abschriften seiner Notizen zu den Cambridger Vorlesungen. Besonders interessant ist dabei der Dialog mit dem diesen Vorlesungen beiwohnenden Alan Turing, der dort eine ganz andere Meinung der Mathematik gegenüber vertrat. Wittgenstein starb 1951.

Bibliografie

In der Vorbereitung auf LOGICOMIX haben wir - zusätzlich zu dem, was wir bereits kannten, bevor die Idee zu diesem Buch entstand - eine Unmenge von Büchern studiert und gelesen, von den unzähligen Artikeln gar nicht zu reden. Die wenigen, die wir hier erwähnen, haben wir ausgewählt, weil sie entweder außerordentlich viele Informationen enthalten, besonders scharfsinnig sind oder eine bemerkenswert profunde Kenntnis der Materie vermitteln. Mit anderen Worten: Es handelt sich um eine sehr persönliche Auswahl, die keinerlei Anspruch auf Vollständigkeit legt - die folgenden Bücher waren uns besonders lieb und nützlich.

Andersson, Stefan. *In Quest of Certainty: Bertrand Russell's Search for Certainty in Religion and Mathematics Up to the* Principles of Mathematics (1903). Stockholm: Almqvist & Wiksell International, 1994.

Davis, Martin. *The Universal Computer: The Road from Leibniz to Turing.* New York: W. W. Norton & Company, 2000.

Gray, Jeremy J. *The Hilbert Challenge.* Oxford: Oxford University Press, 2000.

Janik, Allan, and Stephen Toulmin. *Wittgenstein's Vienna.* New York: Simon and Schuster, 1973.

Monk, Ray. *Ludwig Wittgenstein: Das Handwerk des Genies.* Stuttgart: Klett-Cotta, 2004.

— *Bertrand Russell: the Spirit of Solitude.* London: Jonathan Cape, 1996.

— *Bertrand Russell: the Ghost of Madness,1921-1970.* London: Jonathan Cape, 2000.

Reid, Constance. *Hilbert.* Berlin: Springer-Verlag, 1970.

Rota, Gian-Carlo. „Fine Hall in its Golden Age". In: *Indiscrete Thoughts*, ed. Fabrizio Palombi, 4-20. Boston: Birkhäuser Verlag AG, 1997.

Russell, Bertrand. *My Philosophical Development.* London: George Allen & Unwin, 1959.

— *Autobiographie I, II, III.* Frankfurt/Main: Suhrkamp, 1972/73/74.

— Griffin, Nicholas, ed. *The Selected Letters of Bertrand Russell.* London: Routledge, 2002.

Scharfstein, Ben-Ami. *The Philosophers.* Oxford: Oxford University Press, 1980.

Stadler, Friedrich. *The Vienna Circle, Studies in the Origins, Development, and Influence of Logical Empiricism.* English translation by Camilla Nielsen. Vienna: Springer-Verlag, 2001.

Van Heijenoort, Jean. *From Frege to Gödel.* Cambridge: Harvard University Press, 1967.

Wittgenstein, Ludwig. *Tractatus Logico-Philosophicus.* Frankfurt/Main: Suhrkamp, 1963.

Weitere **Graphic Novels**
der Süddeutsche Zeitung Bibliothek.

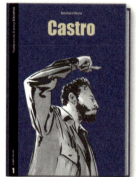

Castro
Reinhard Kleist
ISBN 978-3-86497-000-9

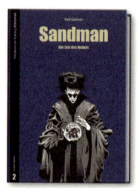

Sandman –
Die Zeit des Nebels
Neil Gaiman
ISBN 978-3-86497-001-6

Gott höchstselbst
Marc-Antoine Mathieu
ISBN 978-3-86497-002-3

Barfuß durch Hiroshima –
Kinder des Krieges /
Der Tag danach
Keiji Nakazawa
ISBN 978-3-86497-003-0